Tests de QI (1)

Éditions d'Organisation
1, rue Thénard
75240 Paris Cedex 05
www.editions-organisation.com

DANS LA COLLECTION QI, DES MÊMES AUTEURS

- La gym du cerveau (1)
- La gym du cerveau (2)
- Tests de personnalité (1)

Traduit de : *More IQ Testing*
250 New Ways to Release
Your IQ Potential
de Philip CARTER et Ken RUSSELL.

Copyright © 2002 by Philip CARTER et Ken RUSSELL.

All Rights Reserved. Authorized translation from the English language edition published by John WILEY & Sons, Ltd.

© Groupe Eyrolles, 2003
ISBN : 2-7081-3003-X

Philip CARTER & Ken RUSSELL

Tests de QI (1)

Traduit de l'anglais et adapté par
Xavier LACOUR

EYROLLES

Sommaire

Introduction

L'intelligence est la capacité d'apprendre ou de comprendre. Elle est partagée par tous mais son intensité varie selon les individus et reste la même tout au long de la vie à partir de l'âge de 18 ans environ.

En psychologie, l'intelligence se définit comme la capacité d'acquérir des connaissances ou de développer sa compréhension et d'en user dans des situations nouvelles.

Qu'est-ce que le QI ?

QI est l'abréviation de Quotient Intellectuel.

C'est une mesure de l'intelligence liée à l'âge égale à 100 fois l'âge mental. Le mot « quotient » fait référence au résultat de la division d'une quantité par une autre, et l'intelligence peut se définir par un ensemble d'aptitudes intellectuelles et une plus ou moins grande rapidité de pensée.

Qu'est-ce qu'un test de QI ?

Les tests de QI font partie de ce que l'on appelle en général les « tests psychologiques ». De tels tests peuvent concerner tous les aspects de ce qui constitue notre profil intellectuel ou émotionnel et en particulier la personnalité, le comportement, l'intelligence ou l'émotion.

La notion de test d'intelligence (test de QI) s'applique par définition à tout test qui se propose de mesurer l'intelligence. En général, de tels tests consistent en une série de tâches à réaliser, chacune d'entre elles ayant été étalonnée auprès d'un important échantillon d'individus représentatifs. Une telle procédure fixe la moyenne du QI à 100.

Quand on mesure le QI d'un enfant, on lui fait passer un test d'intelligence qui a déjà été donné à des milliers d'autres enfants. On connaît ainsi pour chaque classe d'âge sa performance moyenne. Ainsi, un enfant de 8 ans qui obtiendrait des résultats que l'on attendrait normalement d'un enfant de 10 ans aurait un QI de 125, ce chiffre correspondant à l'âge mental divisé par l'âge biologique, multiplié par 100 ou $10/8 \times 100$. Inversement, un enfant de 10 ans qui obtriendrait les résultats d'un enfant de 8 ans se verrait attribuer un QI de 80, soit $8/10 \times 100$.

Étant donné que l'âge mental reste le même après 18 ans, cette méthode de calcul ne s'applique pas aux adultes. Les adultes, eux, sont jugés sur des tests étalonnés dont la moyenne est à 100 et les résultats s'échelonnent de part et d'autre de cette moyenne selon d'autres scores connus.

Tester le QI en respectant les cultures

La maîtrise du vocabulaire est considérée par beaucoup comme un réel signe d'intelligence : les tests de vocabulaire ont été largement utilisés dans les tests de QI. Aujourd'hui, on constate aussi une orientation vers des tests basés sur des diagrammes où la logique apparaît plus importante que la connaissance de mots. Les défenseurs de ces tests « non verbaux » soutiennent que les diagrammes permettent d'accéder à l'intelligence brute, car ils ne font pas appel à des connaissances préalables.

De tels tests sont qualifiés de « culturellement équitables », ou d'« indépendants des cultures », et sont conçus comme étant dénués de tout biais culturel de sorte qu'ils ne donnent aucun avantage à des individus appartenant à une culture plutôt qu'à une autre. En d'autres termes, ils éliminent le facteur langue ou d'autres aptitudes qui seraient étroitement liées à une civilisation ou à une autre.

Comment utiliser ce livre ?

Les tests de ce livre sont « culturellement équitables » et sont principalement basés sur des diagrammes. Cependant, la maîtrise des nombres est également testée étant donné que ces derniers sont internationaux et que, comme les diagrammes, ils mesurent votre logique et votre capacité à faire face aux problèmes de façon structurée et analytique.

Introduction

Les questions de ce livre sont aussi conçues pour vous faire penser de façon latérale et créative. Développer ces capacités peut s'avérer précieux au cours des nombreux problèmes de la vie courante que vous pouvez rencontrer. Ils serviront aussi avantageusement d'entraînement aux lecteurs qui pourraient avoir à passer un test de QI dans le futur.

Ces tests ayant été spécialement rassemblés pour ce livre n'ont pas été étalonnés. Un calcul réel de QI ne peut par conséquent pas vous être proposé. Nous vous fournissons cependant un guide vous permettant d'évaluer votre performance sur chacun des différents tests.

Les tests du livre sont séparés en deux rubriques principales. Dans la première partie, nous vous proposons six tests différents, chacun d'entre eux évaluant une discipline particulière. Un temps limite de **60 minutes** est fixé pour effectuer chacun d'eux.

En deuxième partie, nous vous proposons sept tests de QI complets qui font appel à toutes ces disciplines. Une limite de **80 minutes** est fixée pour chacun d'eux.

Nous vous recommandons de commencer par les six tests de la première partie qui vont vous servir d'entraînement aux types de questions que vous êtes susceptible de rencontrer en deuxième partie. Ils devraient donc améliorer votre performance aux sept tests complets.

Chacun de ces tests comporte une limite de temps qui doit être respectée scrupuleusement au risque de voir votre score invalidé. Il est, par conséquent, important que vous ne consacriez pas trop de temps à chaque question : si un doute subsiste, passez sur la question et revenez-y plus tard. Si vous ne connaissez pas une réponse, il peut être bénéfique de faire confiance à votre intuition qui pourrait bien s'avérer juste.

Les réponses à chacune des questions sont fournies ainsi que des explications détaillées.

PREMIÈRE PARTIE

Test d'analogie visuelle

1

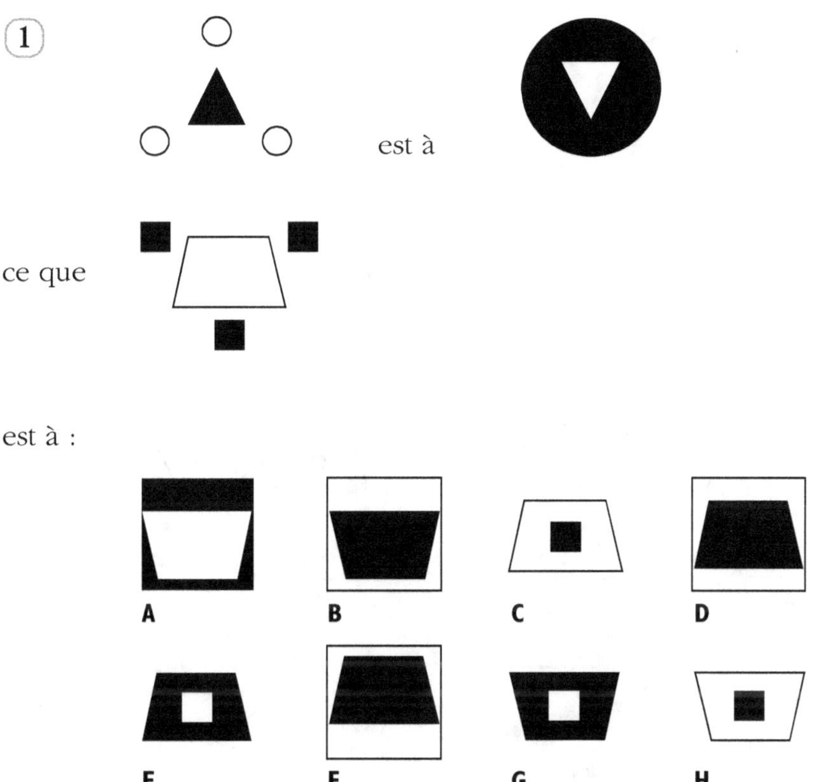

est à

ce que

est à :

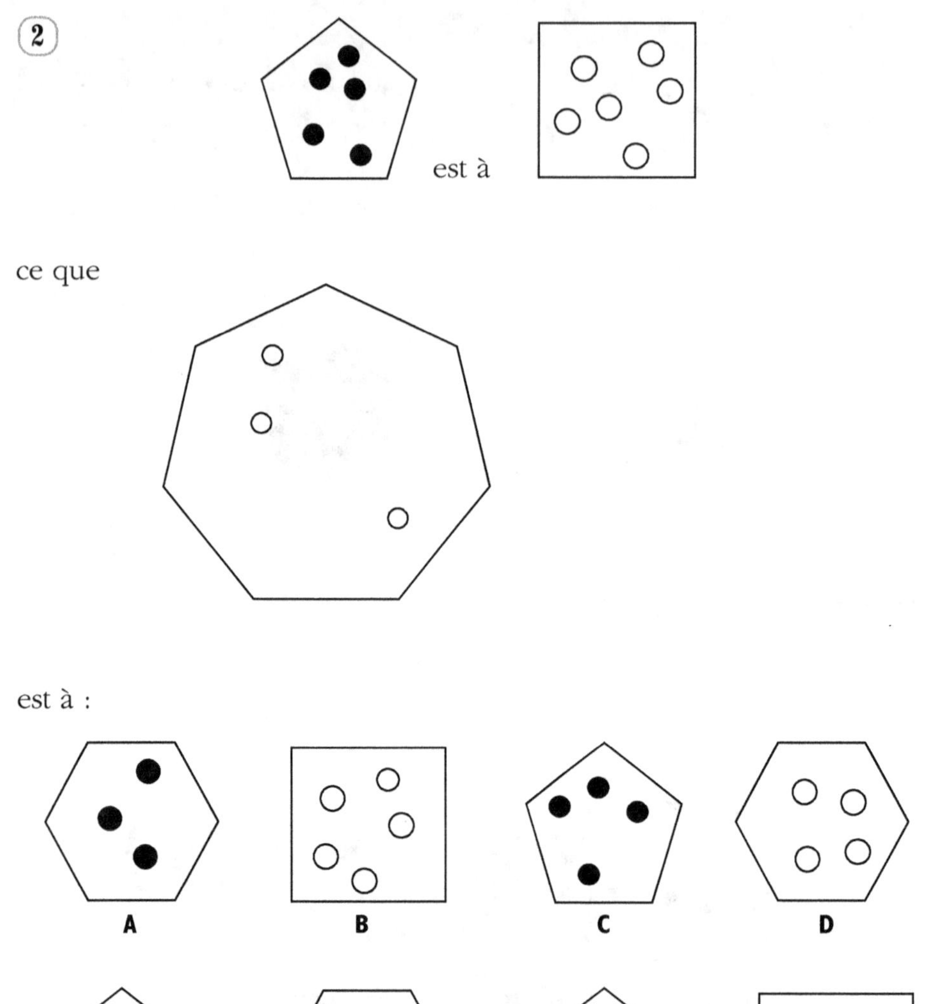

2
est à
ce que
est à :
A
B
C
D
E
F
G
H

3

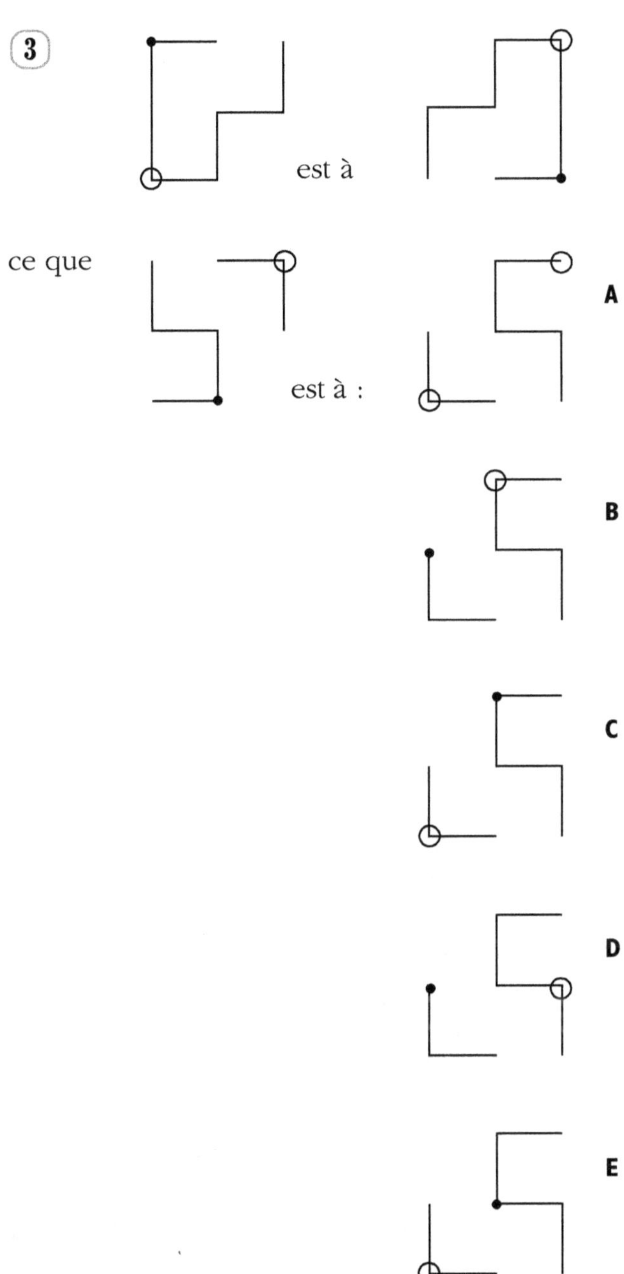

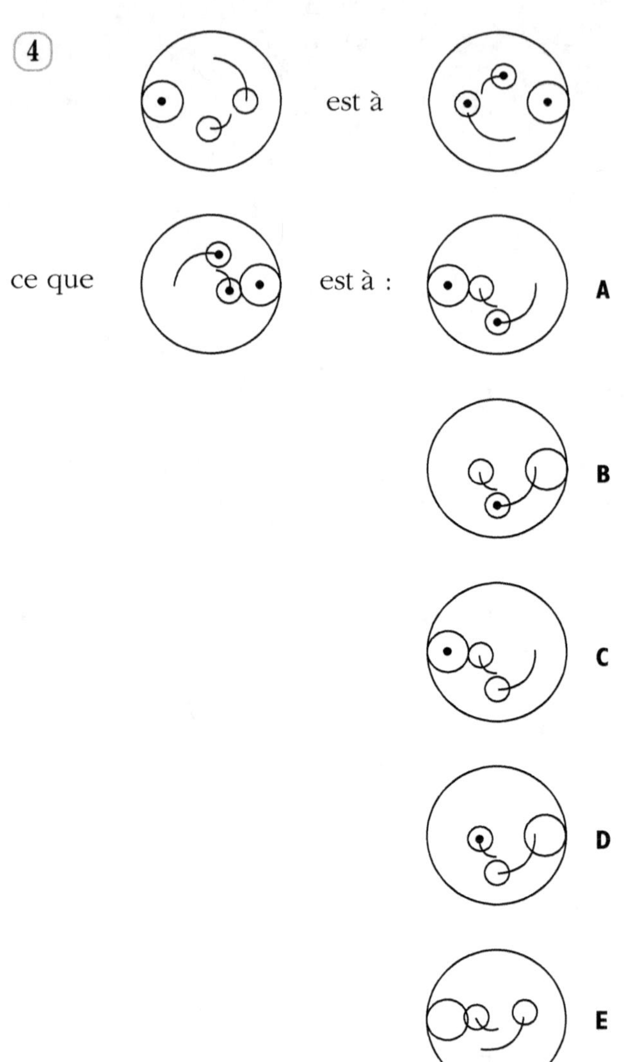

4
est à
ce que
est à :
A
B
C
D
E

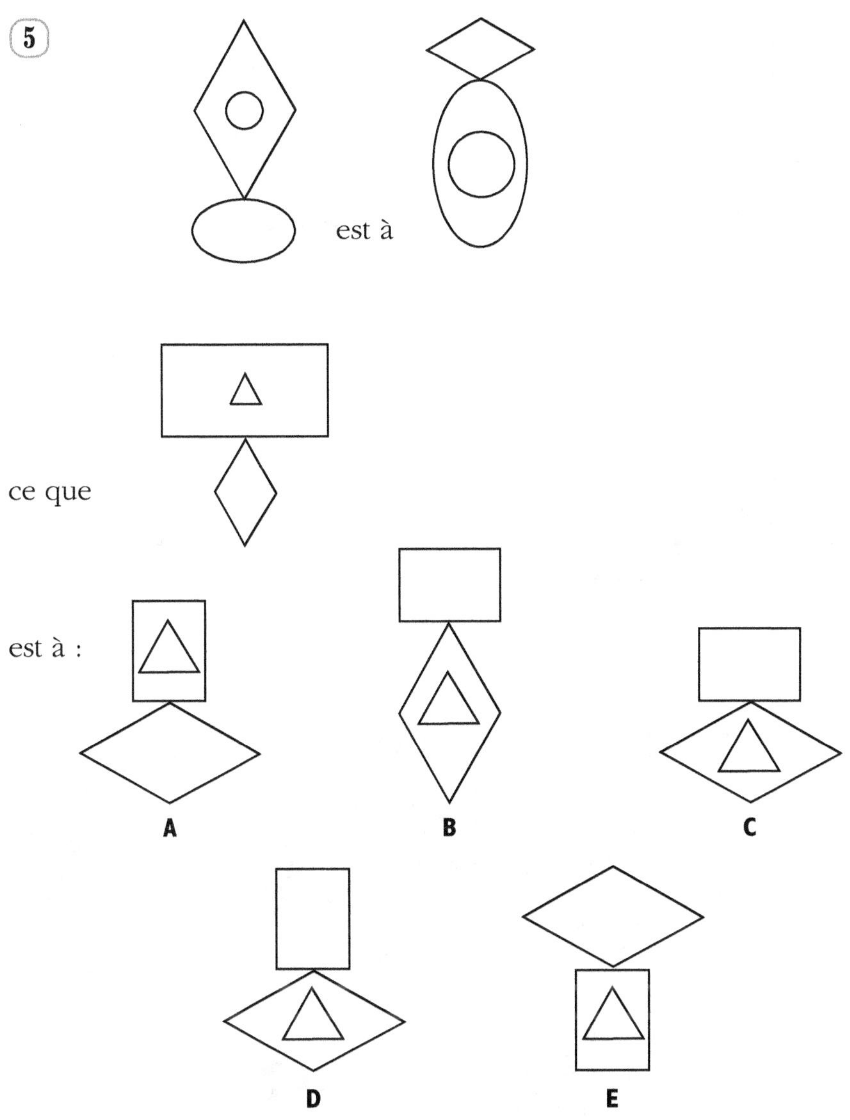

5
est à
ce que
est à :
A
B
C
D
E

 est à 

ce que

est à :

A

B

C

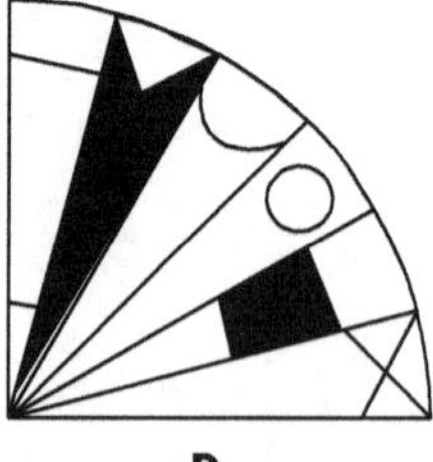

D

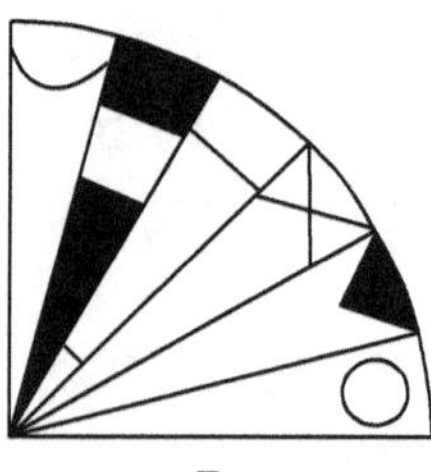

E

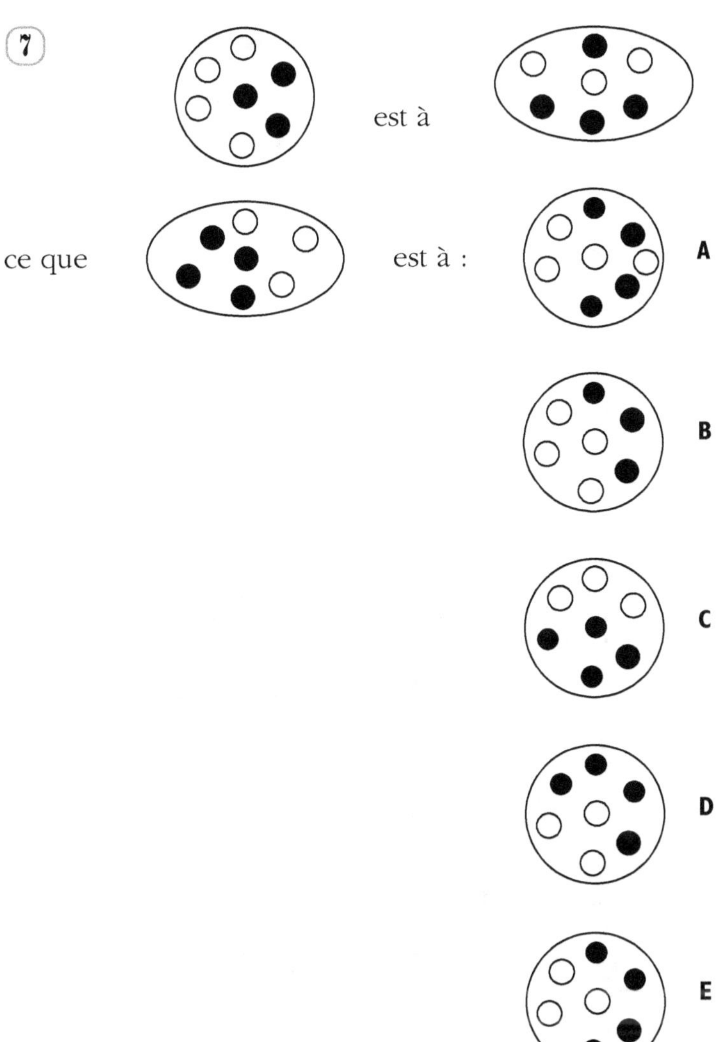

7
est à
ce que
est à :
A
B
C
D
E

(8)

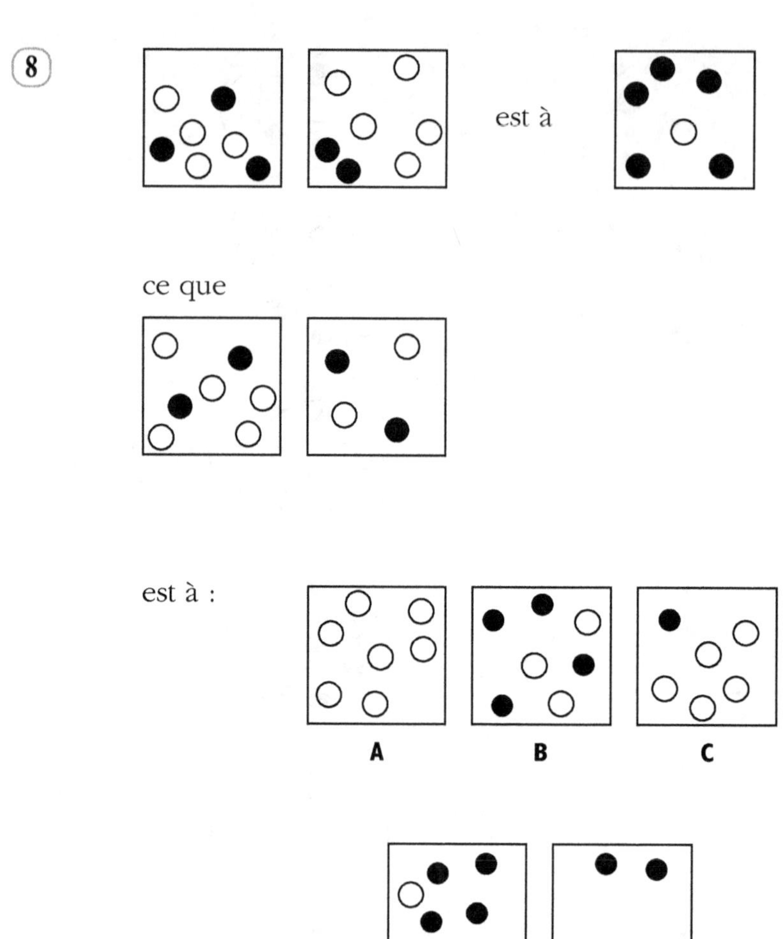

est à

ce que

est à :

A   B   C

D   E

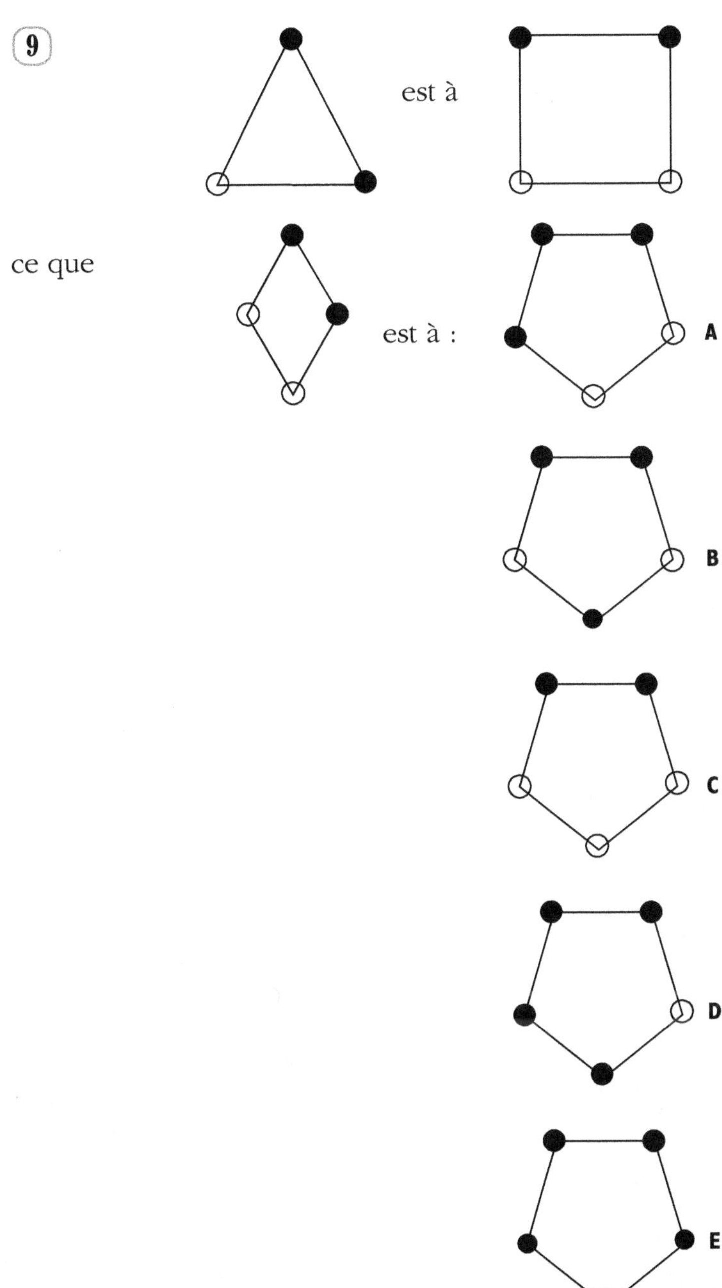
9
est à
ce que
est à :
A
B
C
D
E

10

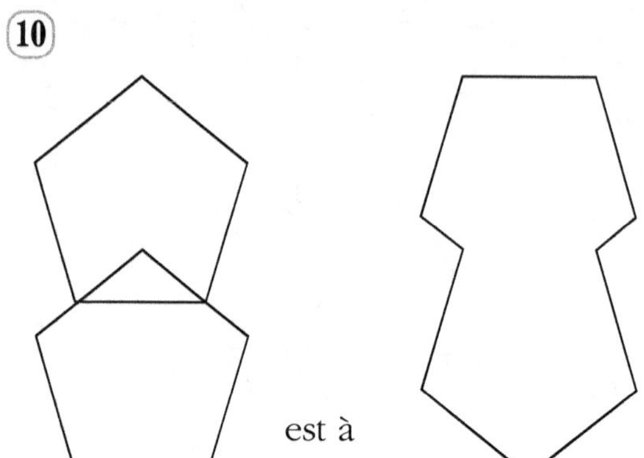

est à

ce que

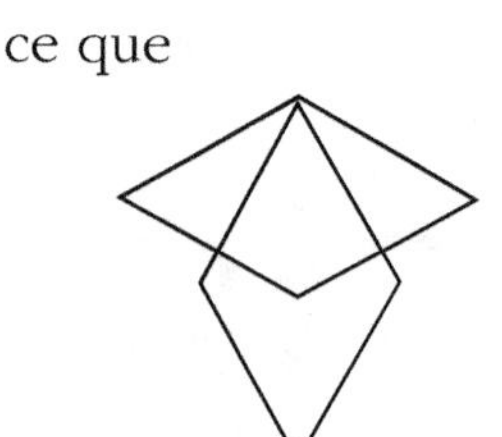

est à :

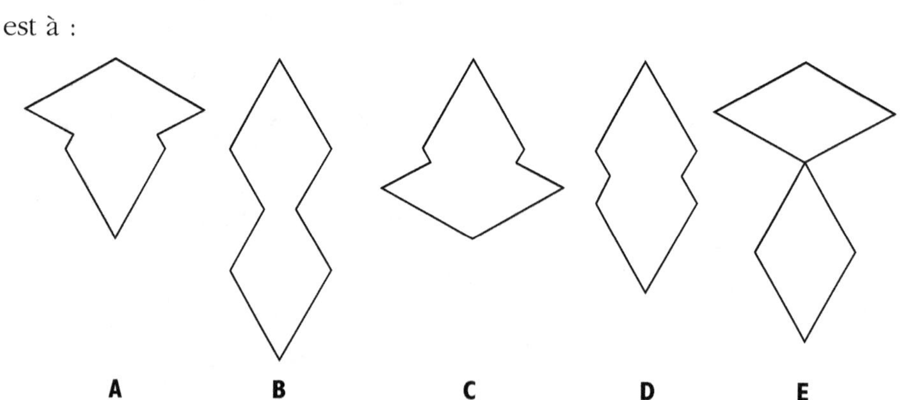

A   B   C   D   E

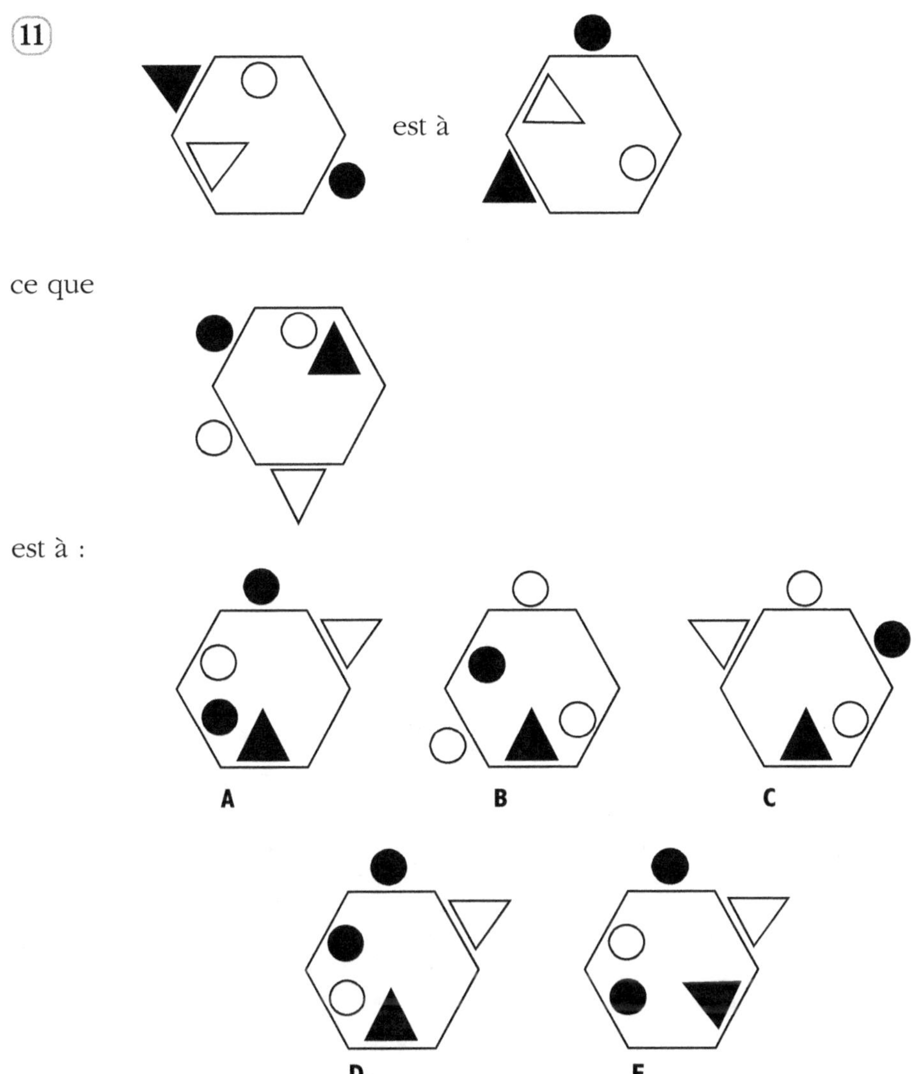

11
est à
ce que
est à :
A
B
C
D
E

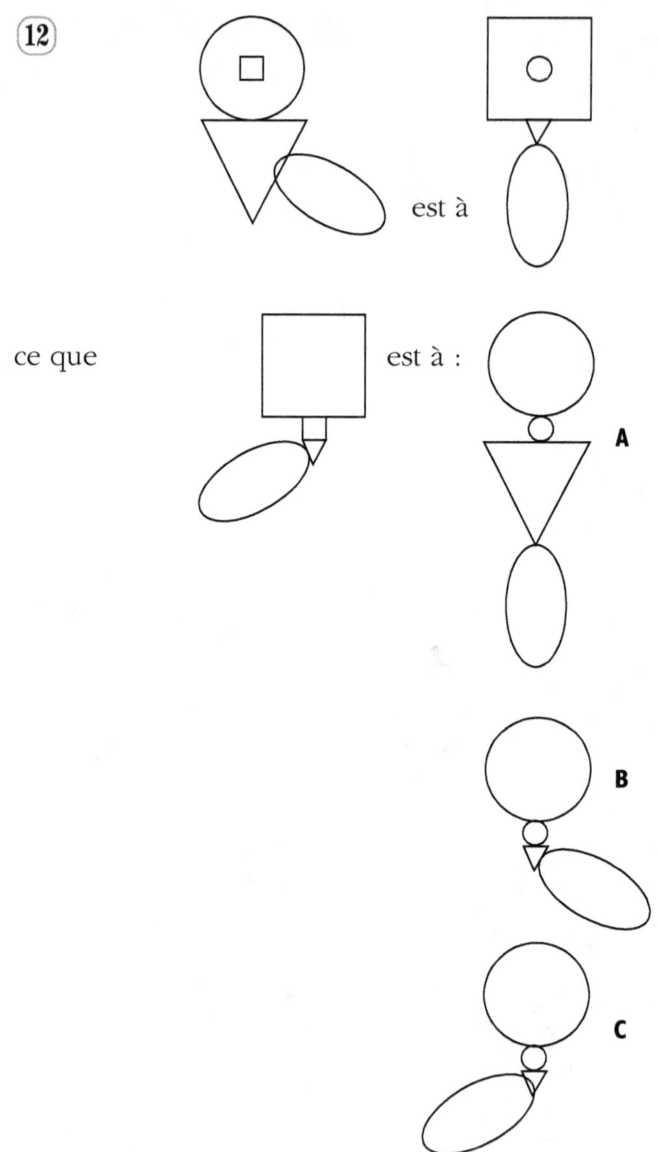

13

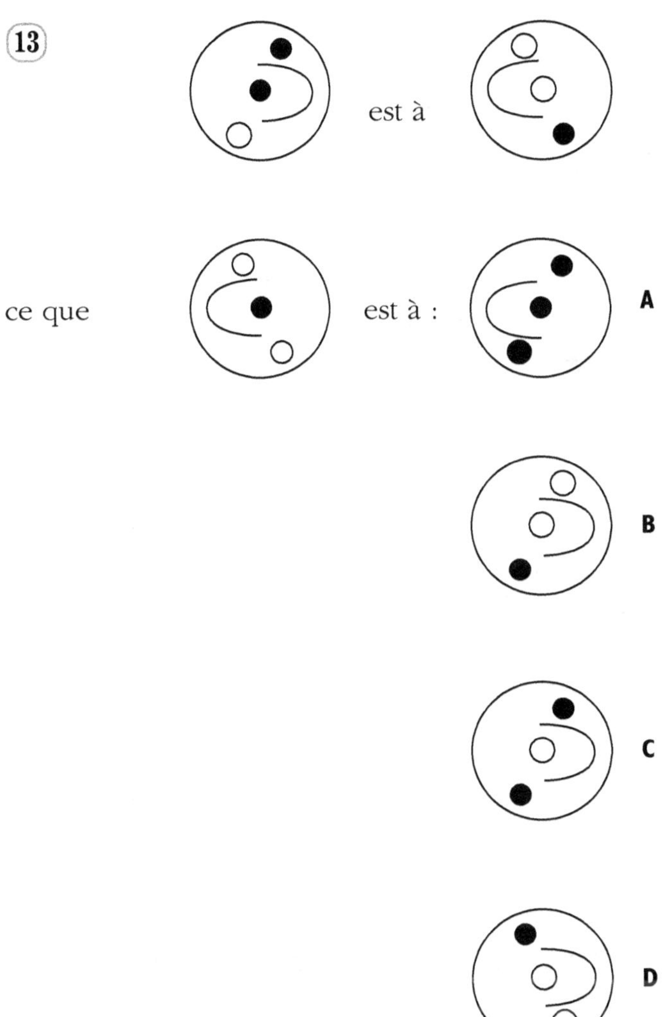

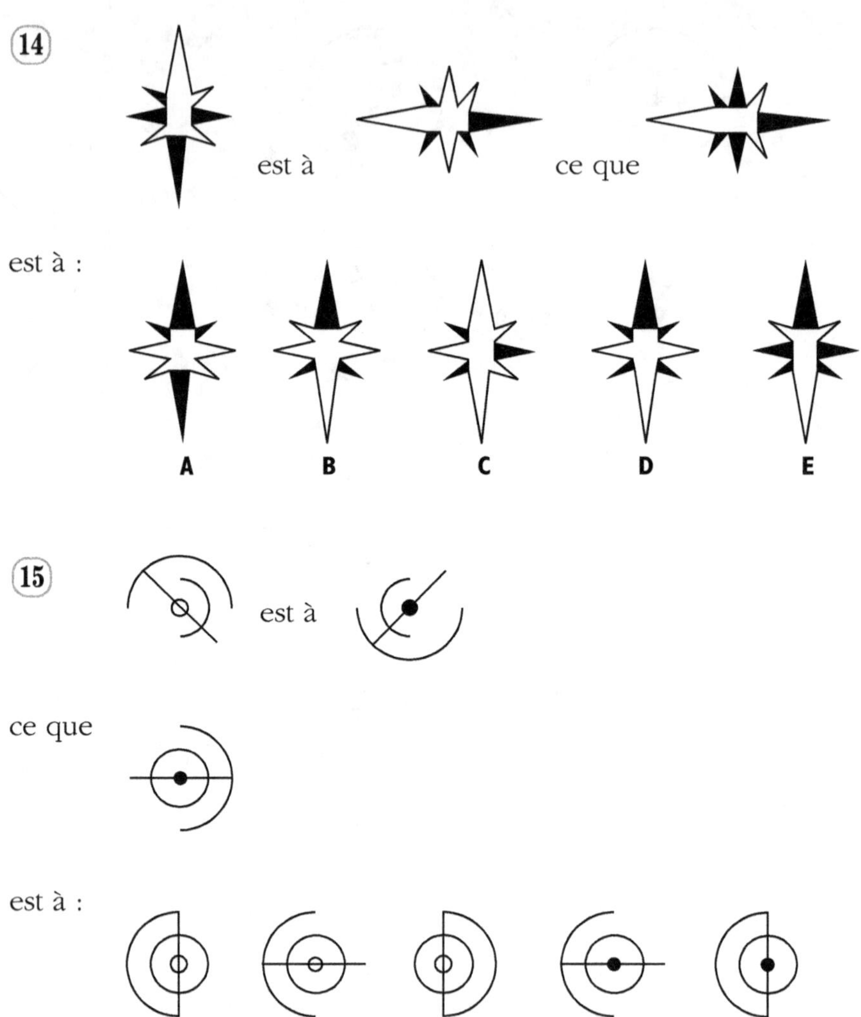

14
est à
ce que
est à :
A
B
C
D
E
15
est à
ce que
est à :
A
B
C
D
E

1 Quel est l'intrus ?

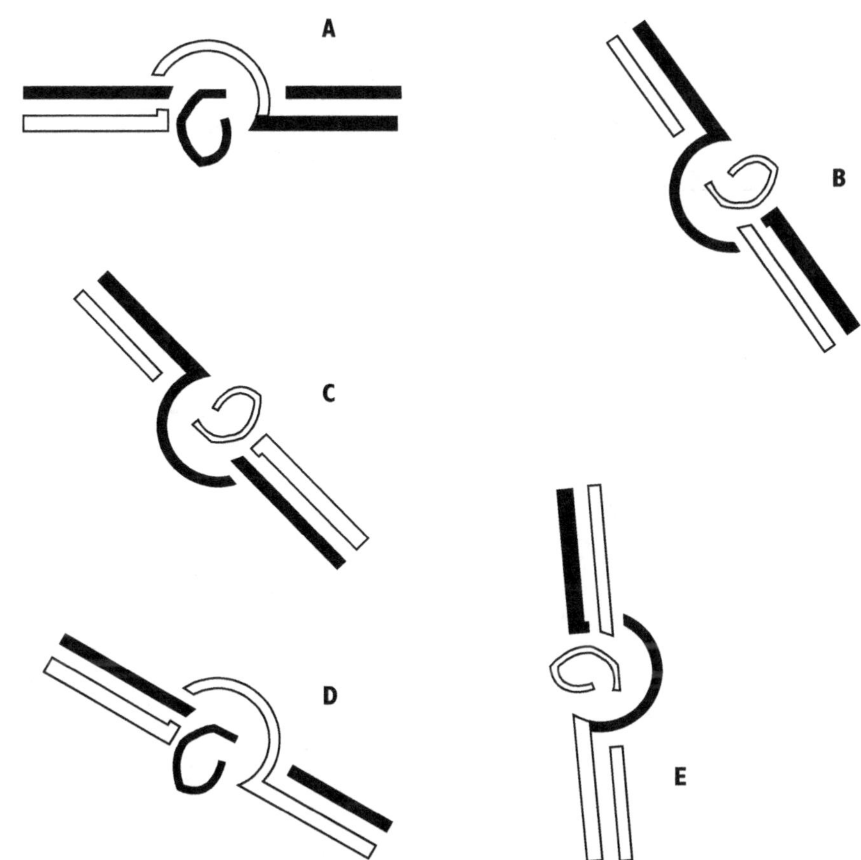

(2) Quel est l'intrus ?

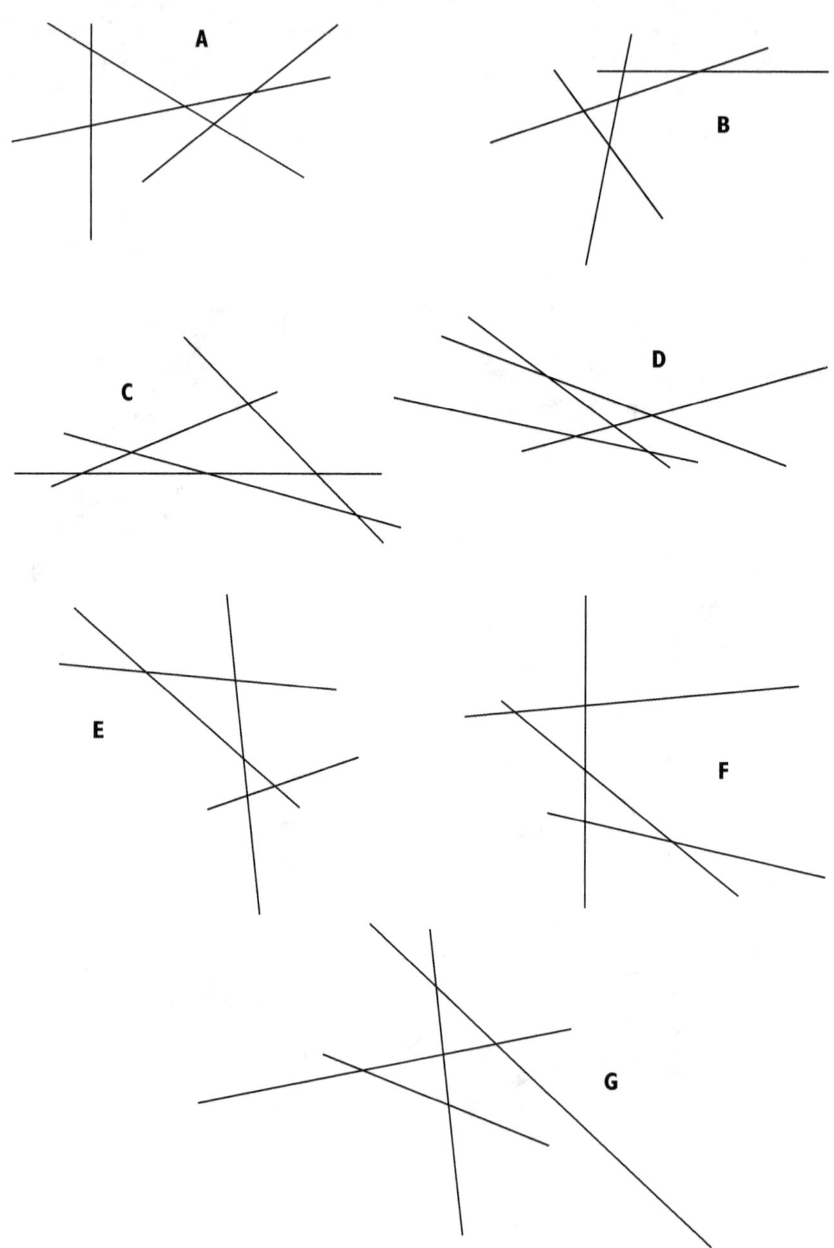

3 Quel est l'intrus ?

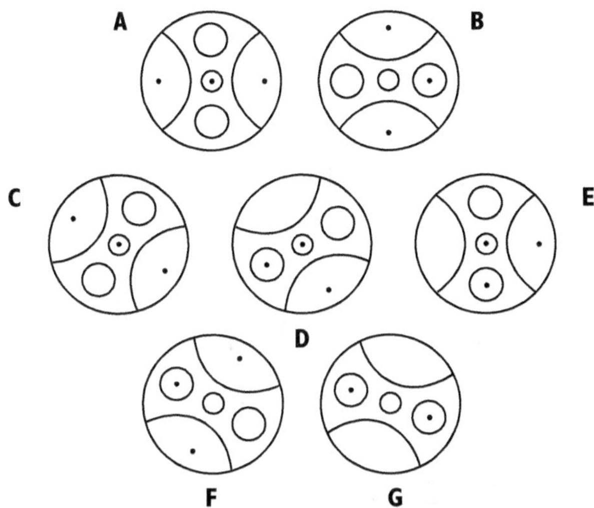

4 Quel est l'intrus ?

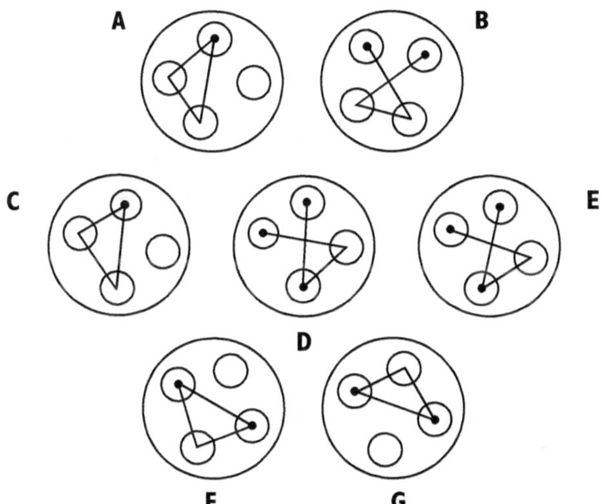

5 Quel est l'intrus ?

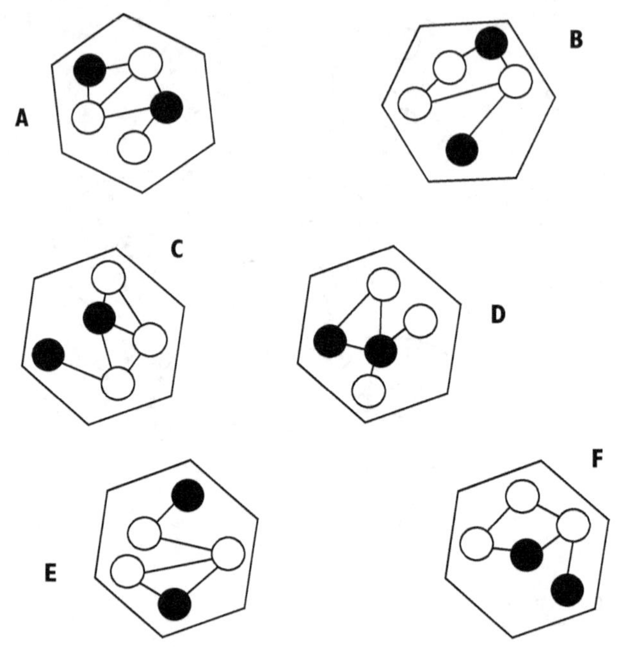

6 Quel est l'intrus ?

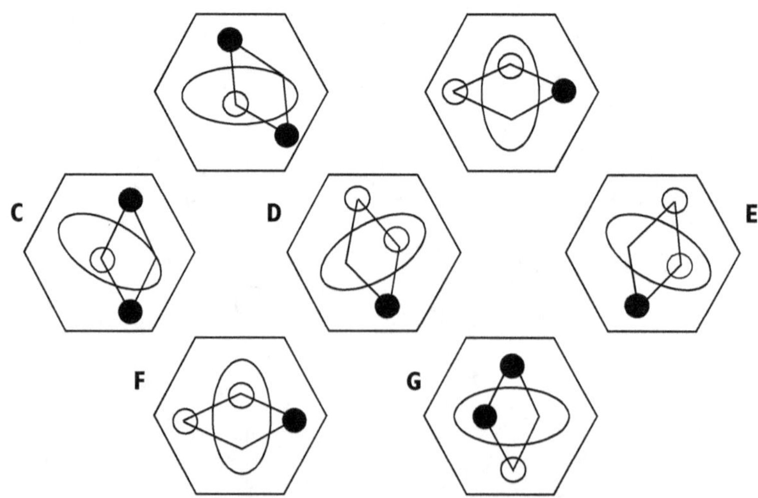

7 Quel est l'intrus ?

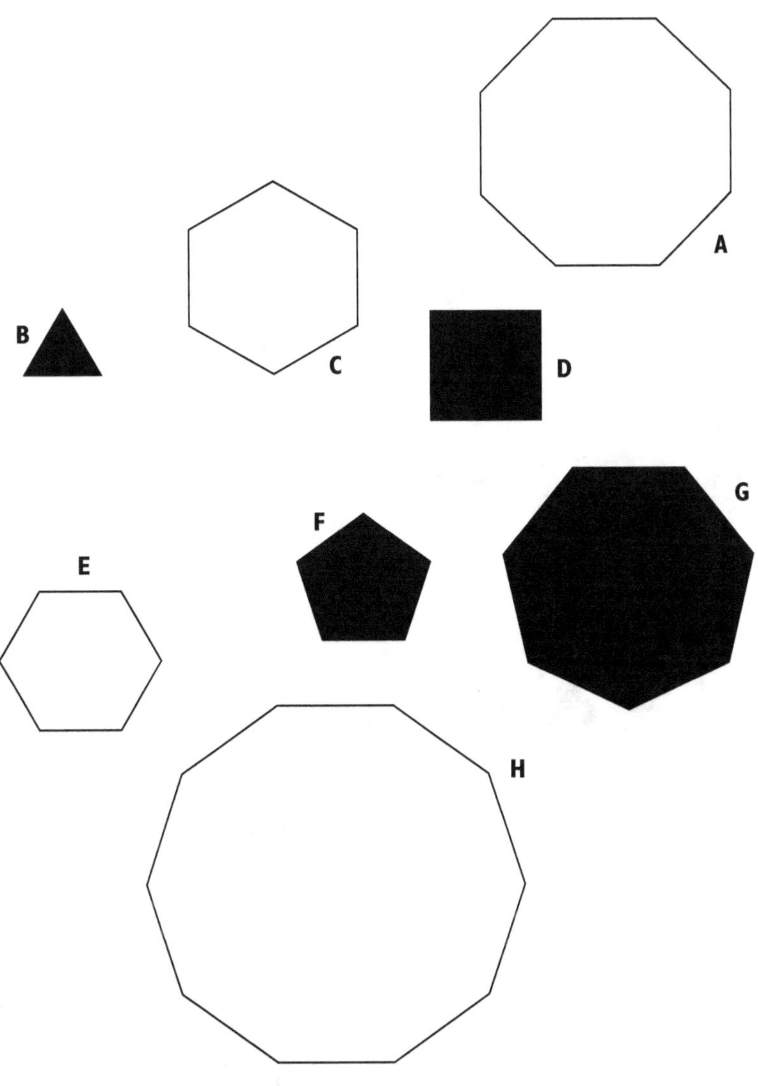

8 Quel est l'intrus ?

A 

B 

C 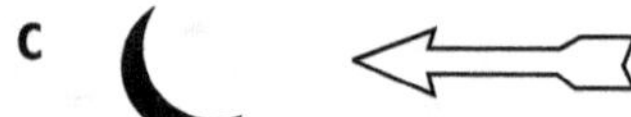

D 

E 

F 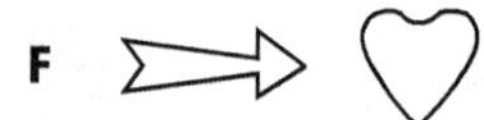

G 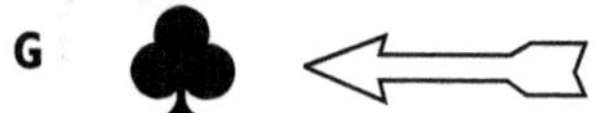

H 

I 

9 Quel est l'intrus ?

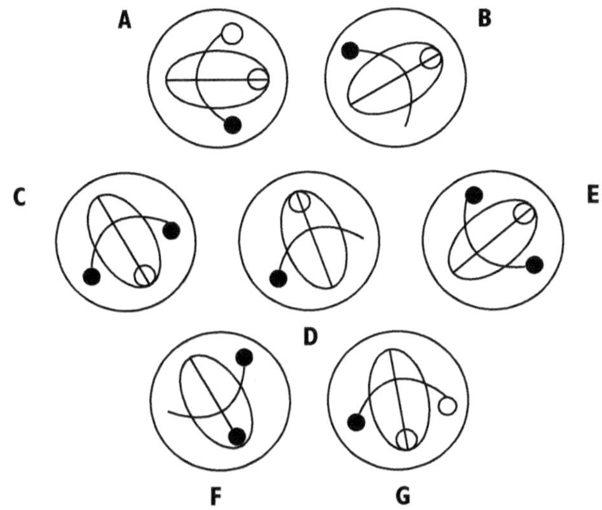

10 Quel est l'intrus ?

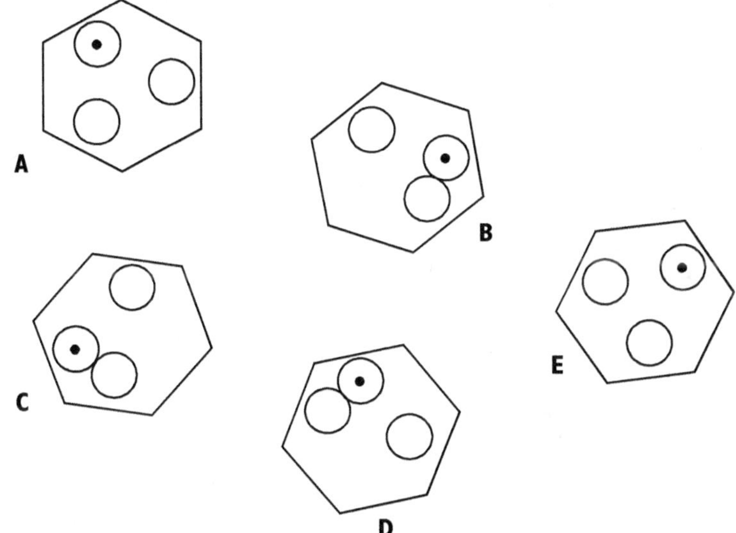

11 Quel est l'intrus ?

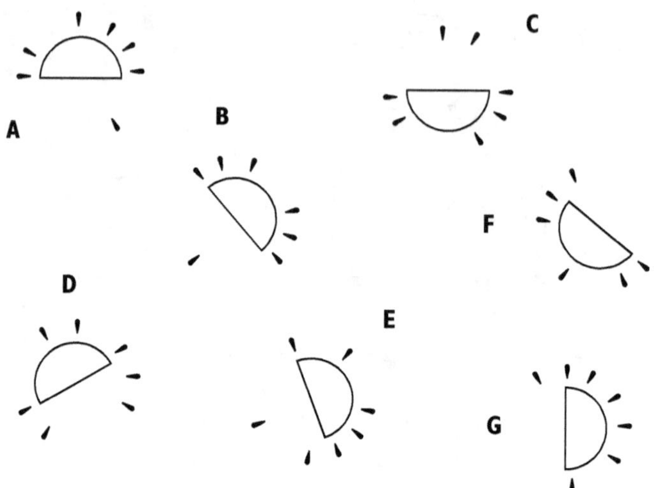

12 Quel est l'intrus ?

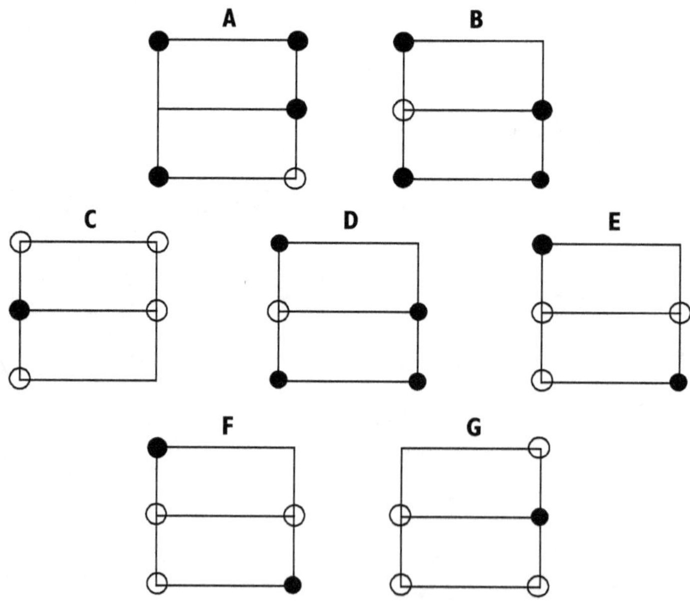

13 Quel est l'intrus ?

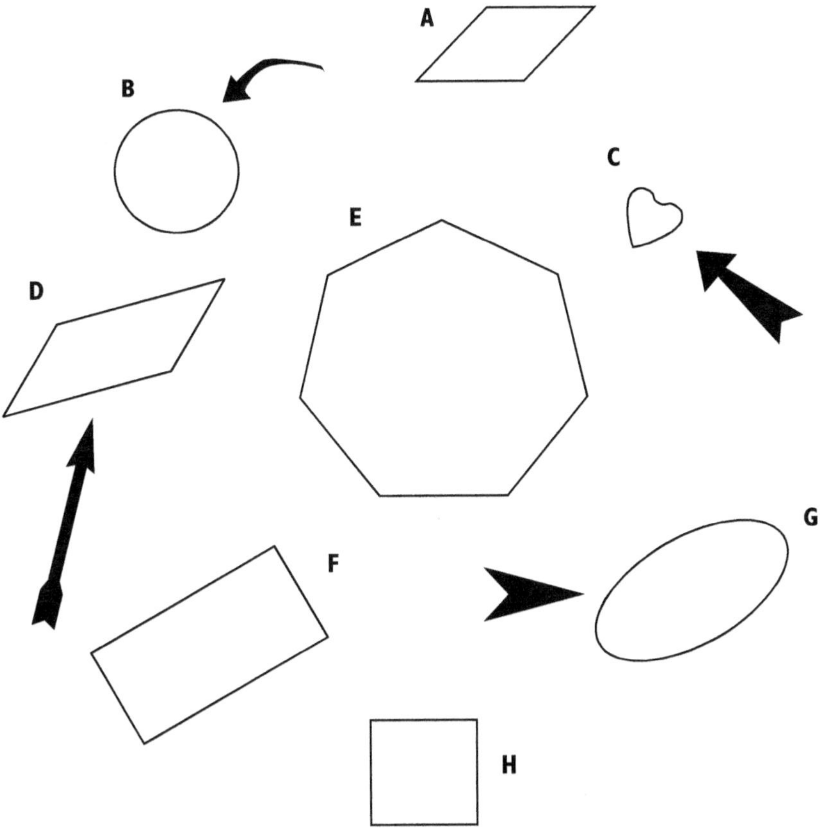

A

B

C

D

E

F

G

H

14 Quel est l'intrus ?

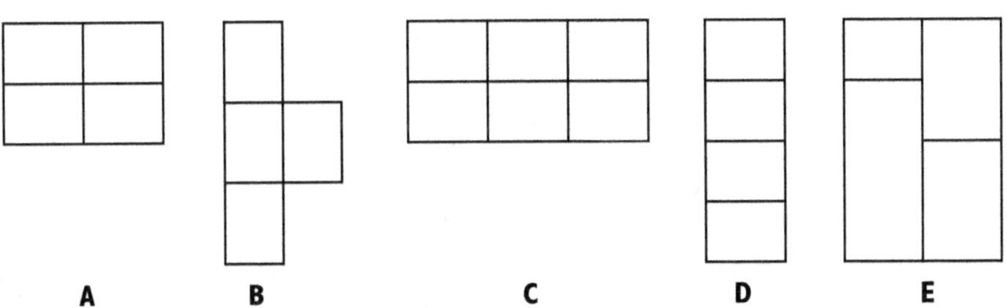

A   B   C   D   E

15 Quel est l'intrus ?

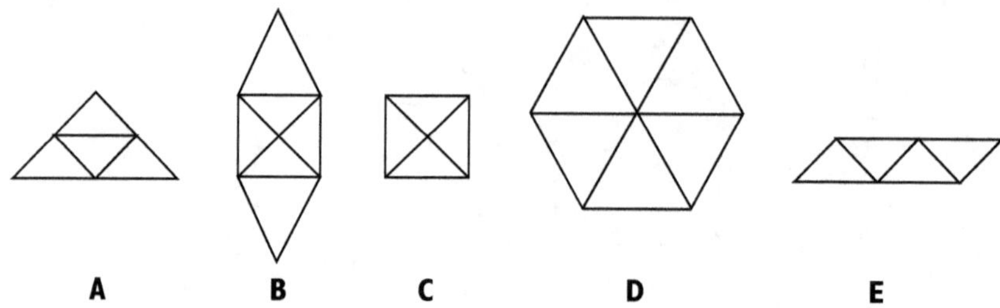

Test de pensée latérale

1 Quel chiffre se cache derrière le point d'interrogation ?

7	3
2	5

9	4
8	?

2	1
6	2

2

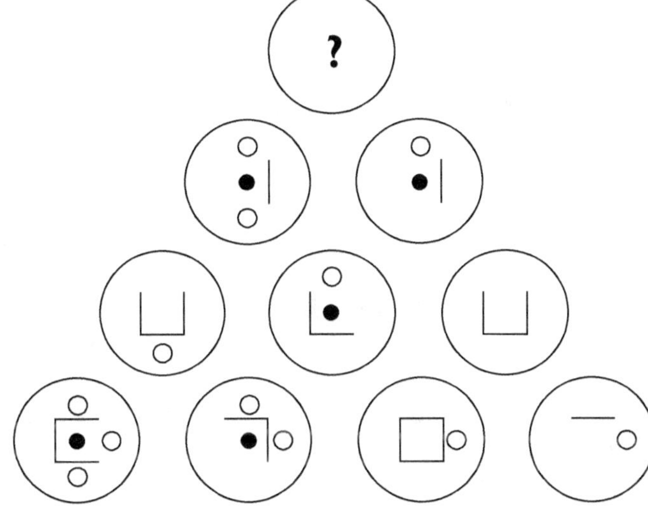

Quel cercle se cache derrière le point d'interrogation ?

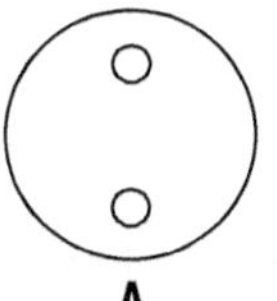 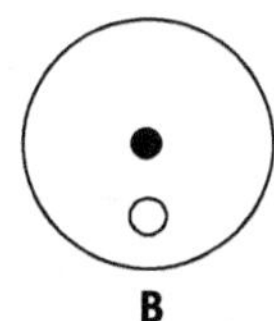 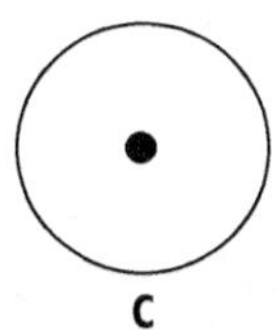 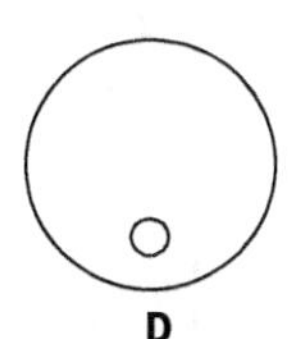

A   B   C   D

3 Quel chiffre se cache derrière le point d'interrogation ?

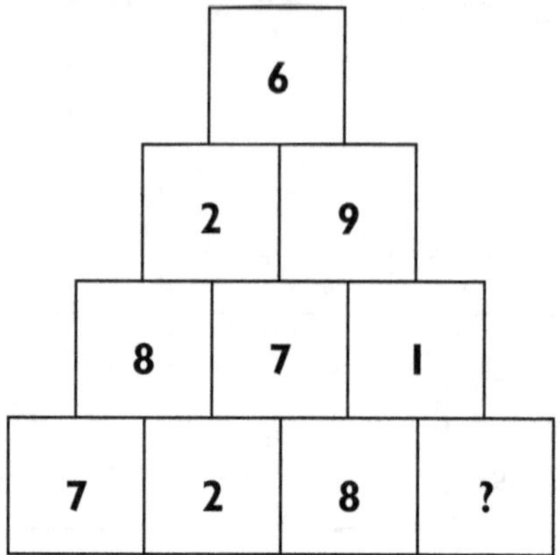

4 Quelle est la lettre suivante ?

FHEXT ?

Choisir entre :

YKZLI

5 Le surveillant a dit au menuisier, « Les serrures de trois des sept premières portes sont défectueuses. »
Le menuisier a verifié la porte n° 7 en premier. Pourquoi n'a-t-il pas commencé par la porte n° 1 ?

1	2	3	4	5	6	7	8

9	10	11	12	13	14	15	16

6 Quelle est la lettre suivante ?

H N Y F K

Choisir entre :

M T Z et L

7 Quel cercle se cache derrière le point d'interrogation ?

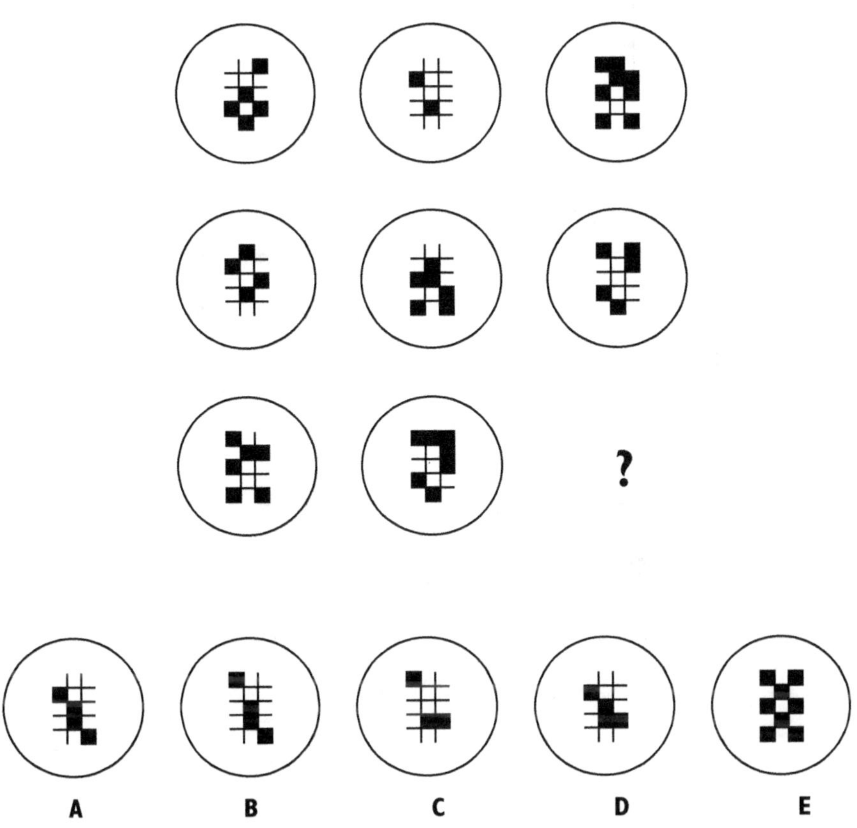

(8)

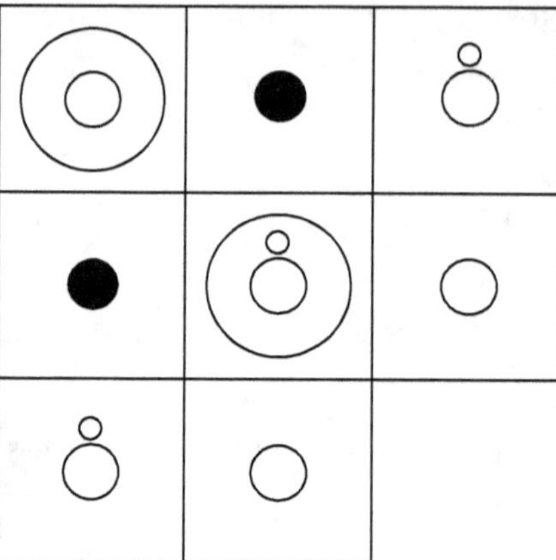

Quel est le carré manquant ?

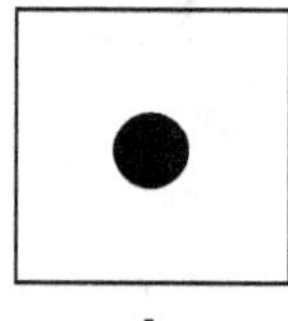

A

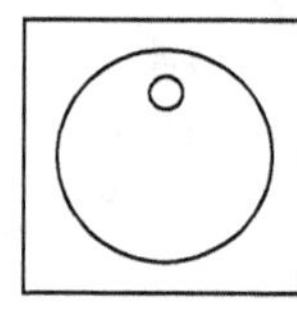

B

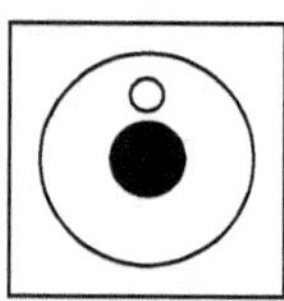

C

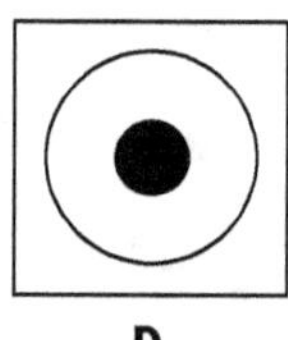

D

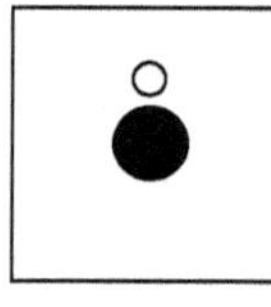

E

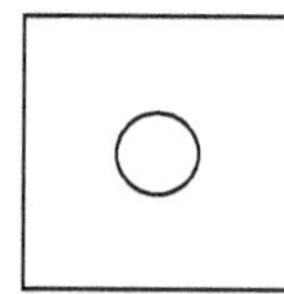

F

9

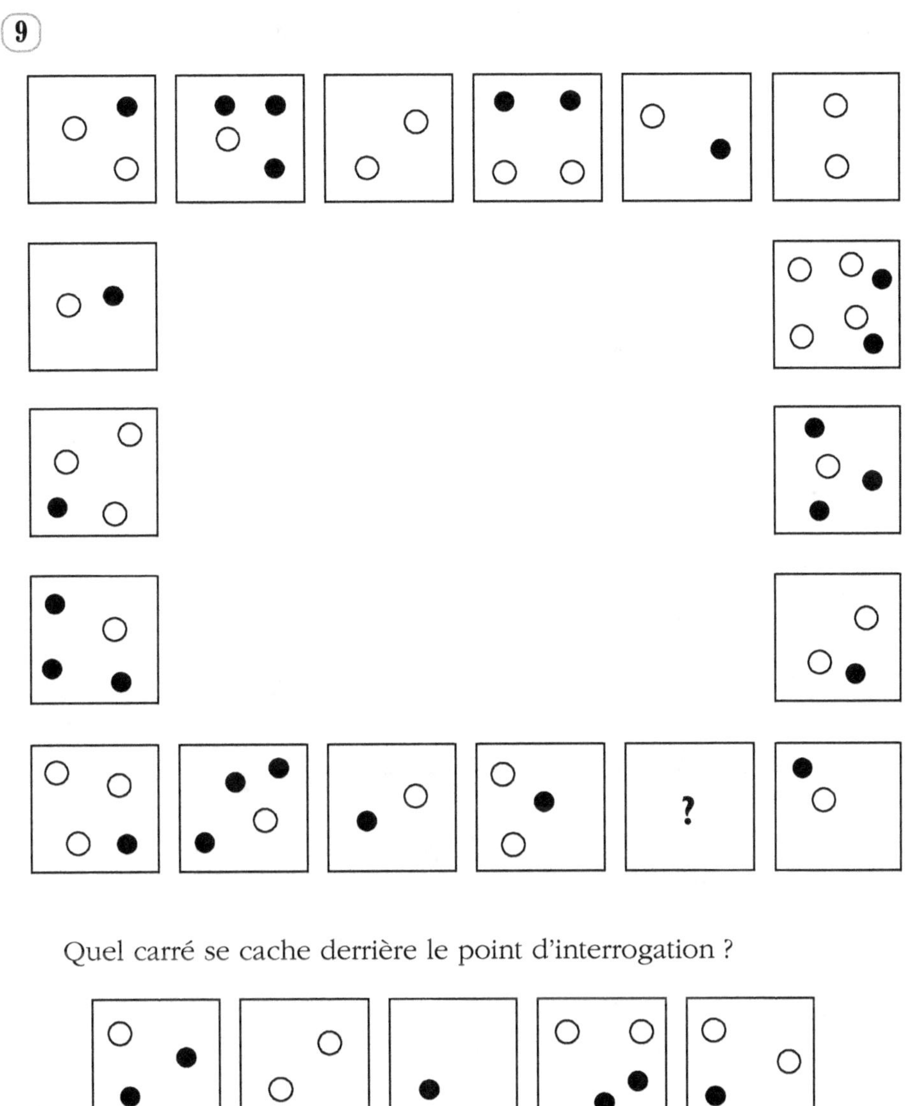

Quel carré se cache derrière le point d'interrogation ?

(10)

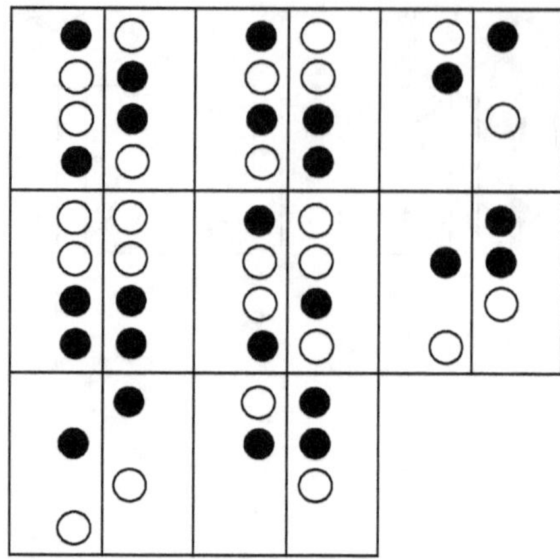

Quel est le carré manquant ?

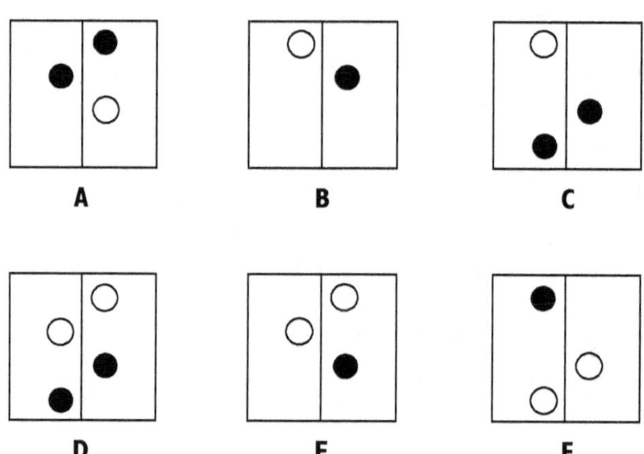

A **B** **C**

D **E** **F**

(11) Quelle lettre se cache derrière le point d'interrogation ?

O   D   Q   P   B   **?**

S'agit-il de :

S   G   R   U   C   ou   J   ?

12

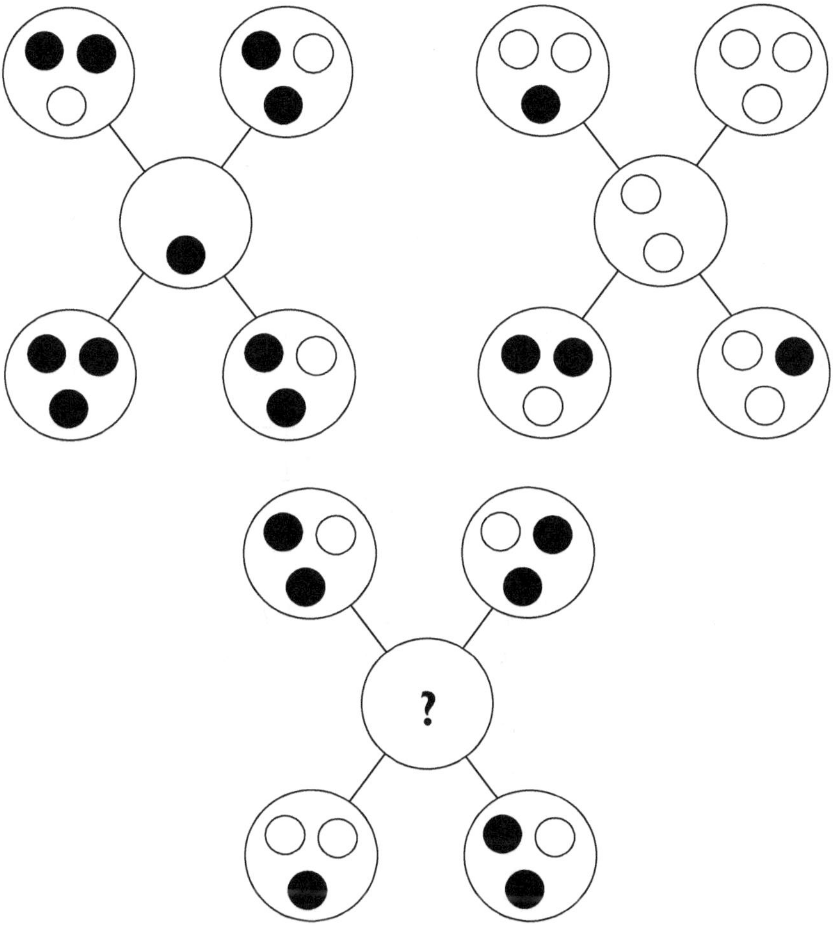

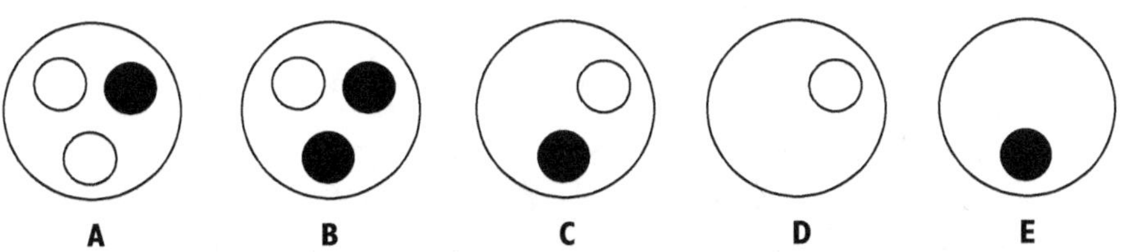

Quel cercle se cache derrière le point d'interrogation ?

A   B   C   D   E

13 Dans mon aquarium, j'ai 25 poissons-zèbres. Les mâles ont chacun 15 rayures et les femelles 45 chacune. Si j'enlève deux tiers des femelles, combien de rayures reste-t-il dans l'aquarium ?

14 Quel chiffre se cache derrière le point d'interrogation ?

		2			3	2
	3		3	4	4	
2		3			3	
3			2			2
3	4		3		3	
3		3	3		3	2
?				2		

15 J'effectue un certain trajet et, en raison du fort trafic, je parcours la première moitié de la distance à une vitesse de 10 km/h. À quelle vitesse faudra-t-il que je parcours la deuxième moitié de mon trajet pour ramener ma vitesse moyenne sur l'ensemble du parcours à 20 km/h ?

A	B	C	D	E
F	G	H	I	J
K	L	M	N	O
P	Q	R	S	T
U	V	W	X	Y	Z

1 Quelle lettre est située deux cases en dessous de la lettre à droite de la lettre H ?

2 Quelle lettre est située trois cases à gauche de la lettre qui vient deux cases en dessous de la lettre placée deux cases à droite de la lettre H ?

3 Quelle lettre est située deux cases au-dessus de la lettre à gauche de la lettre au-dessus de la lettre deux cases à gauche de la lettre X ?

4 Quelle lettre est située deux cases à droite de la lettre qui vient en dessous de la lettre à gauche de la lettre deux cases en dessous de la lettre J ?

5 Quelle lettre est située deux cases à droite de la lettre en dessous de la lettre qui vient deux cases à gauche de la lettre en dessous de la lettre D ?

6 Quelle lettre est située au-dessus de la lettre qui se trouve deux cases à droite de la lettre qui vient à mi-chemin entre les lettres J et F ?

7 Quelle lettre est située à gauche de la lettre qui vient à mi-chemin entre la lettre en dessous de la lettre T et de la lettre au-dessus de la lettre R ?

8 Quelle lettre est située trois cases à gauche de la lettre qui est en dessous de la lettre qui est à gauche de la lettre qui est trois lettres en dessous de la lettre E ?

9 Quelle lettre est située deux lettres en dessous de la lettre qui vient deux cases à gauche de la lettre qui se trouve deux lettres au-dessus de la lettre qui est trois lettres à droite de la lettre K ?

10 Quelle lettre est située deux lettres en dessous de la lettre qui est en dessous de la lettre qui se trouve trois lettres à droite de la lettre qui vient deux lettres au-dessus de la lettre au-dessus de la lettre qui est située quatre cases à gauche de la lettre Z ?

11 Quelle lettre est située deux lettres au-dessus de la lettre à droite de la lettre qui se trouve en dessous de la lettre placée à mi-chemin entre les lettres A et Y ?

12 Quelle lettre est située en dessous de la lettre qui se trouve à mi-chemin entre la lettre qui est deux lettres au-dessus de la lettre à gauche de la lettre L et celle qui est au-dessus de la lettre placée au-dessus de la lettre à droite de la lettre N ?

13 Quelle lettre est située immédiatement à gauche de la lettre qui est trois lettres à gauche de la lettre qui se trouve à droite de la lettre qui vient deux lettres au-dessus de la lettre qui est à droite de la lettre placée deux lettres au-dessus de la lettre qui est à gauche de la lettre située deux lettres à gauche de la lettre Z ?

14 Quelle lettre est située au-dessus de la lettre qui se trouve deux cases à droite de la lettre en dessous de la lettre qui vient à mi-chemin entre la lettre placée deux lettres à gauche de la lettre D et celle qui vient à droite de la lettre qui vient deux lettres en dessous de la lettre K ?

15 Quelle lettre est située à mi-chemin entre la lettre qui se trouve deux lettres au-dessus de la lettre qui est au-dessus de la lettre située deux lettres à gauche de la lettre R et celle qui vient trois lettres en dessous de la lettre qui est à droite de la lettre qui est placée deux lettres au-dessus de la lettre à gauche de la lettre T ?

1             

Quel cercle complète la séquence ci-dessus ?

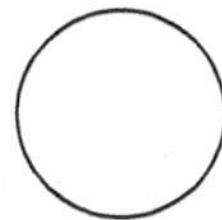

2 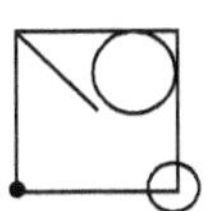   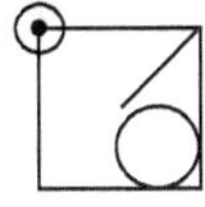   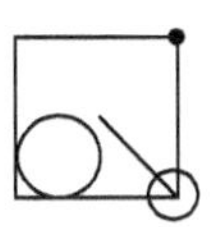   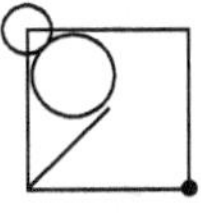   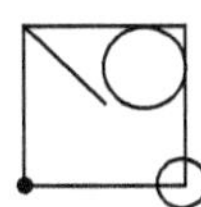   **?**

Quelle figure vient ensuite ?

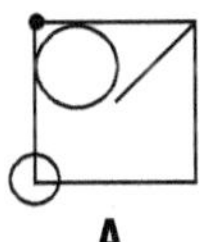   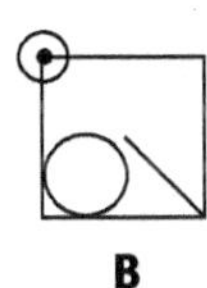      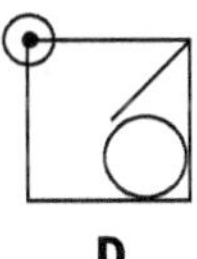

A   **B**   **C**   **D**

3

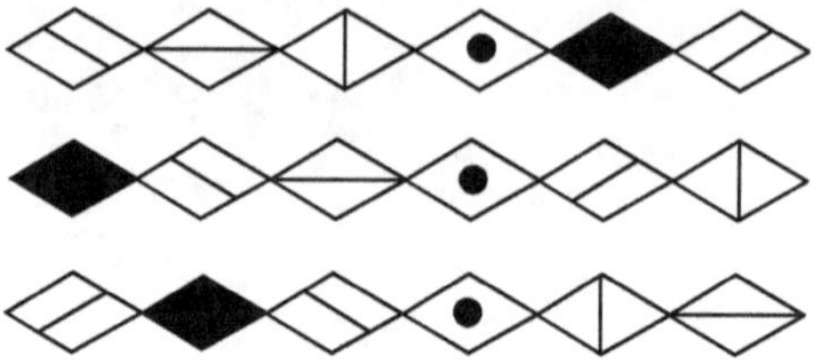

Quelle figure vient ensuite ?

A

B

C

D

E

4

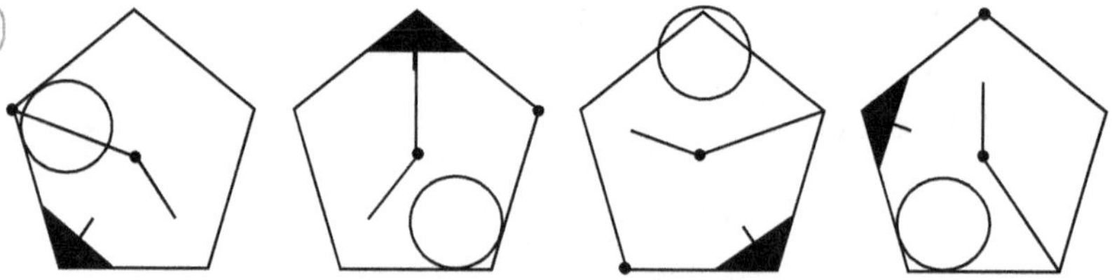

Quelle figure vient ensuite ?

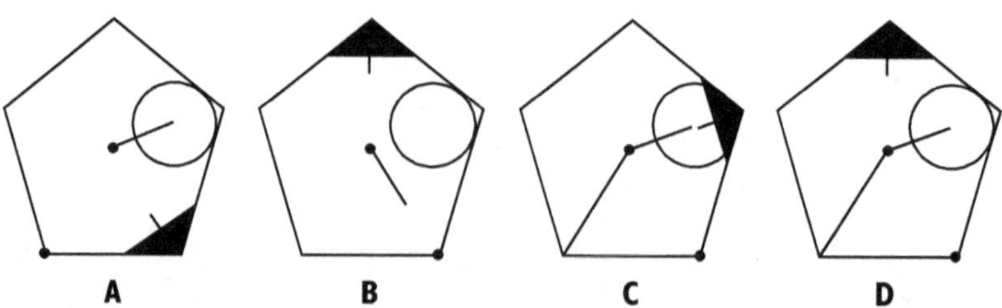

A   B   C   D

5

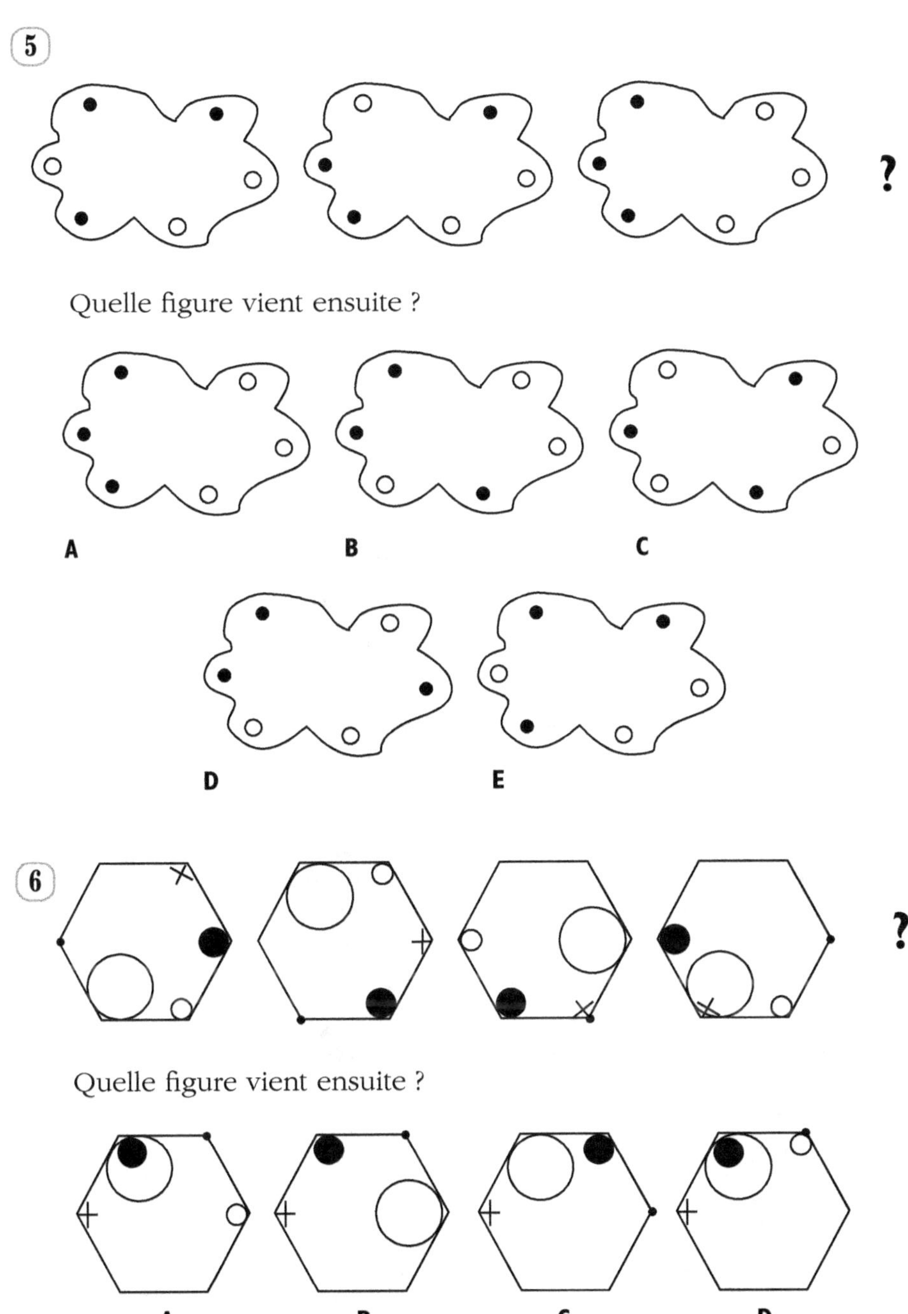

Quelle figure vient ensuite ?

A   B   C

D   E

6

Quelle figure vient ensuite ?

A   B   C   D

(7)

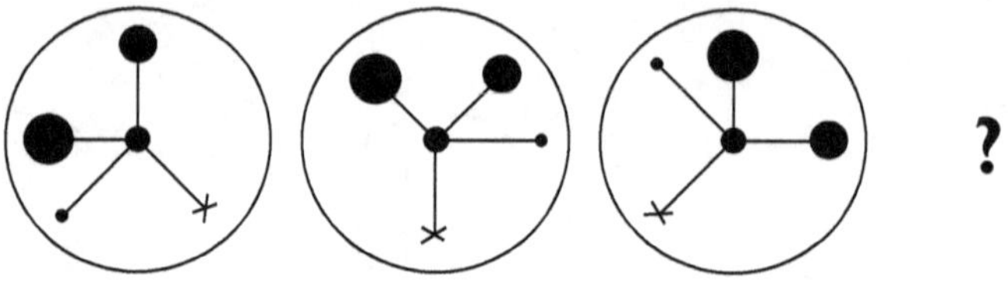

?

Quelle figure vient ensuite ?

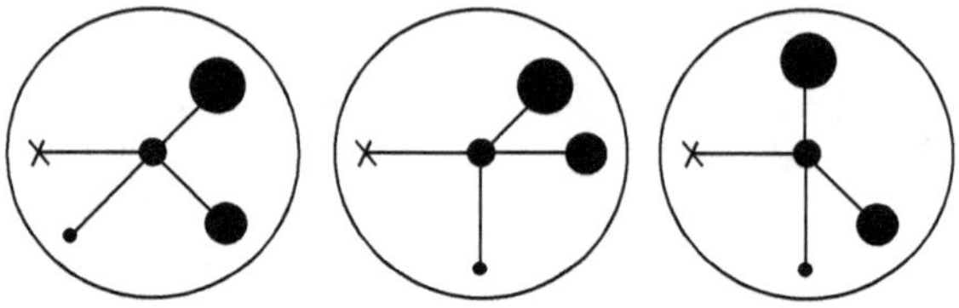

A   B   C

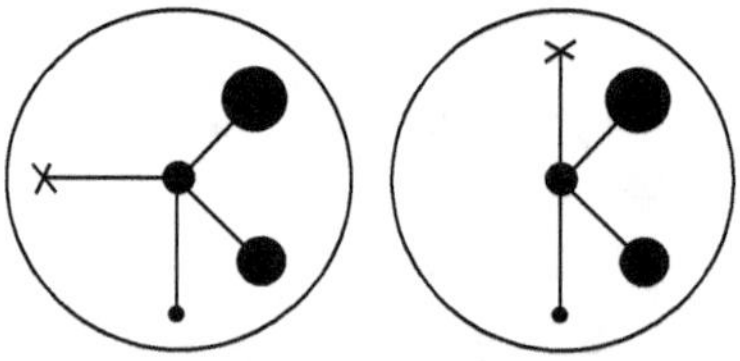

D   E

(8)

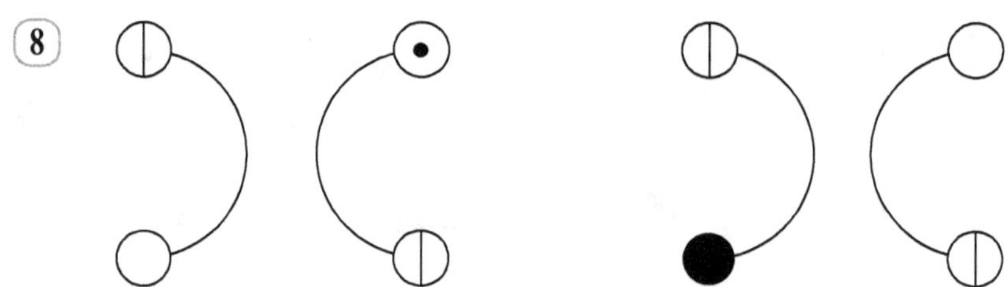

Quelle figure vient ensuite ?

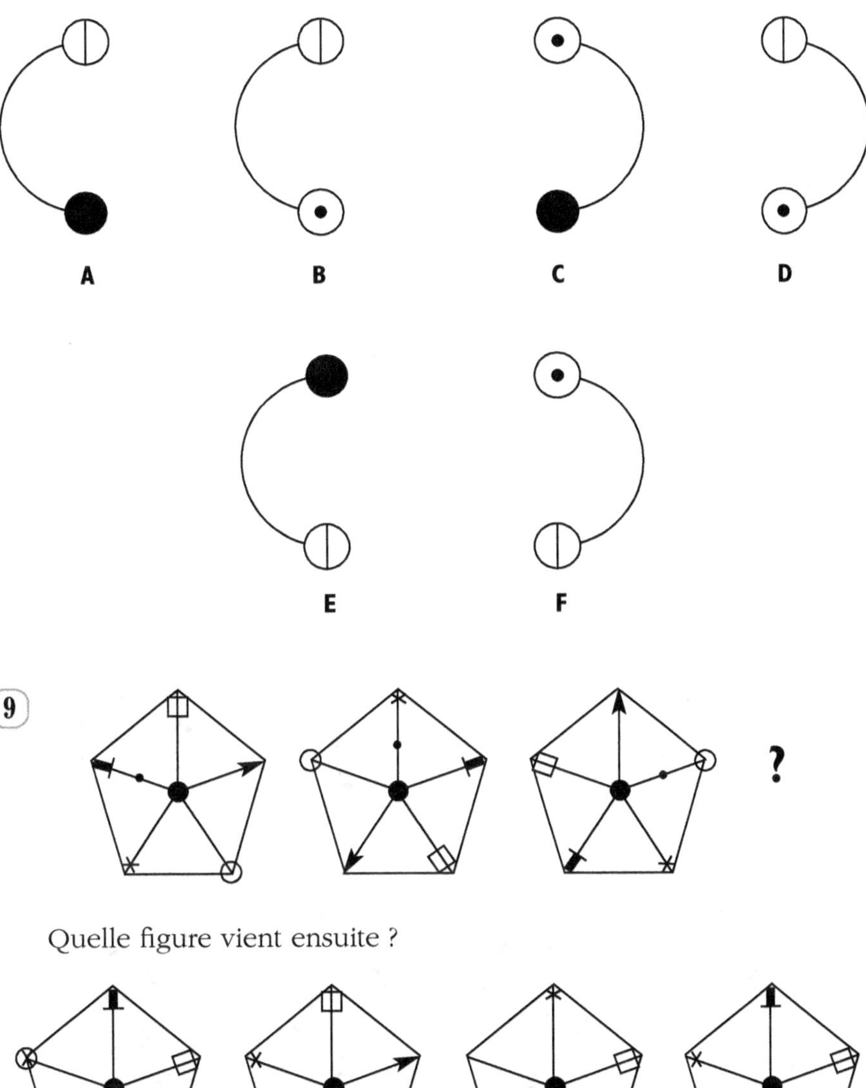

Quelle figure vient ensuite ?

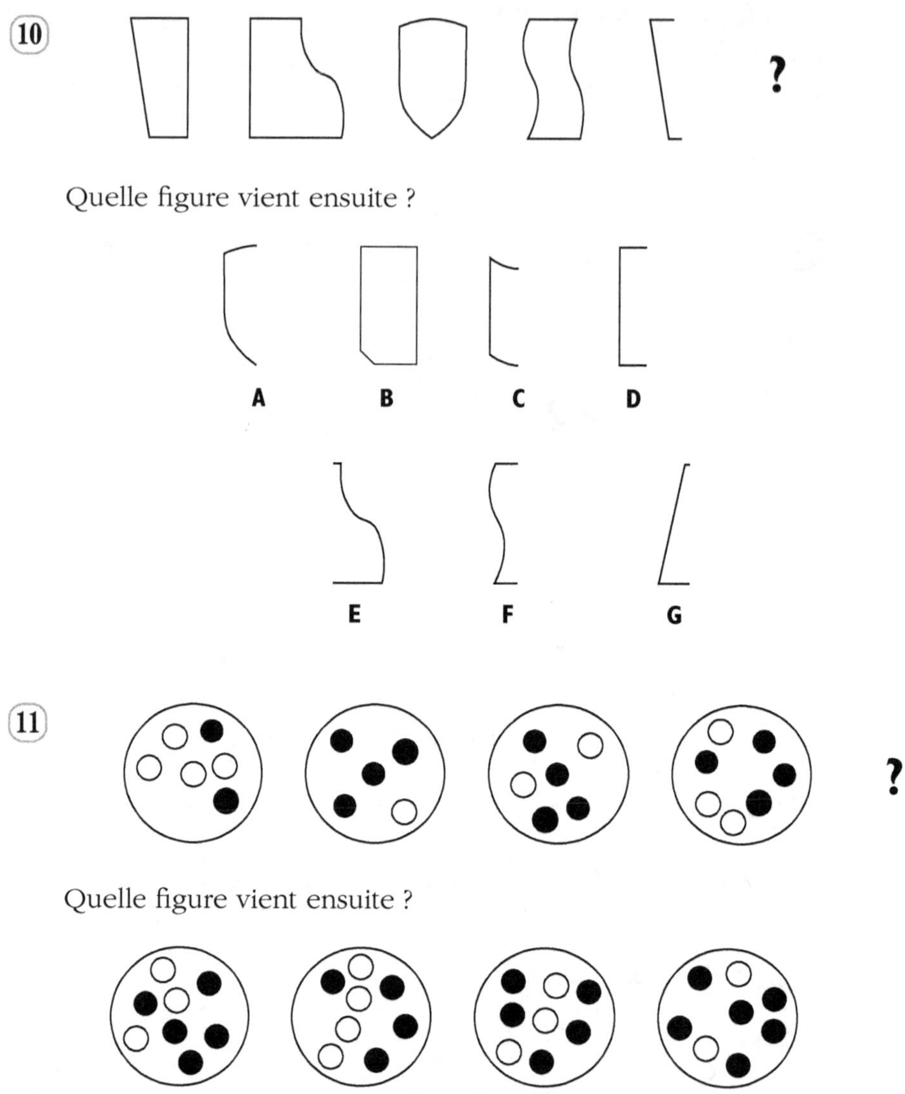

10

Quelle figure vient ensuite ?

A   B   C   D

E   F   G

11

Quelle figure vient ensuite ?

A   B   C   D

12

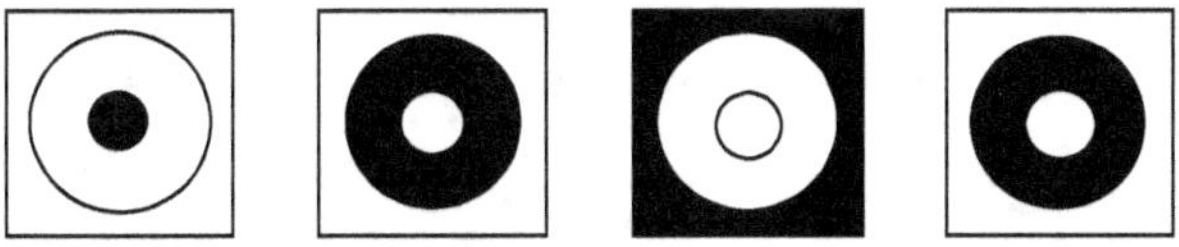

Quel carré complète la séquence ci-dessus ?

13

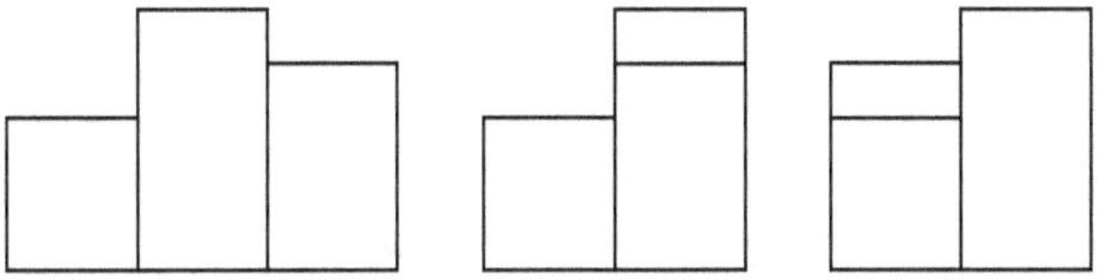

Quelle figure vient ensuite ?

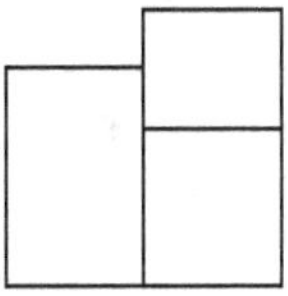

A 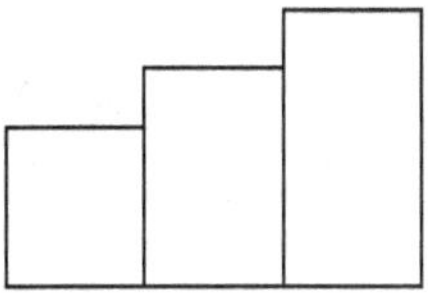   B 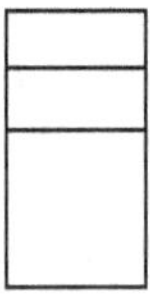   C 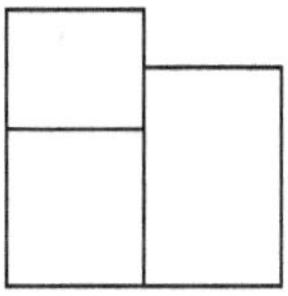   D

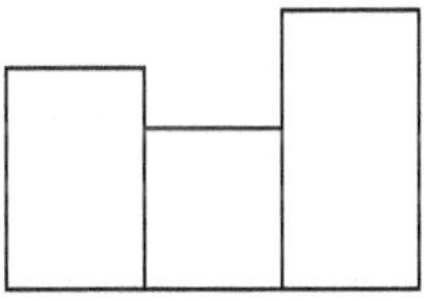

E 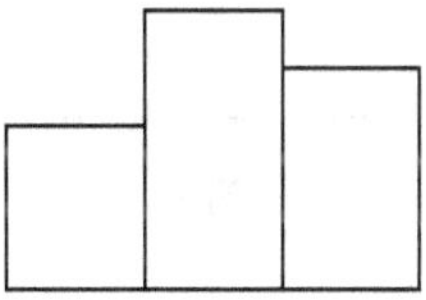   F

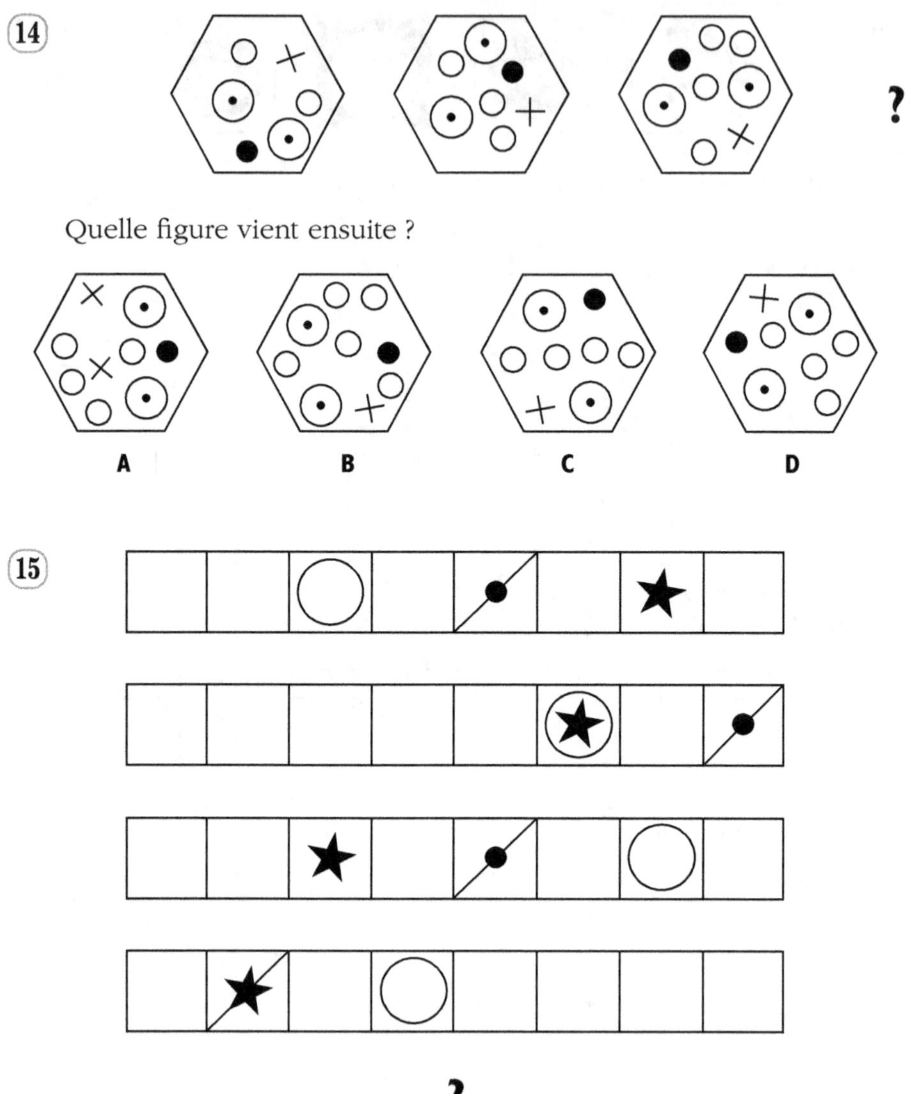

Quelle figure vient ensuite ?

A   **B**   **C**   **D**

50

Test de séquence visuelle

Quelle figure vient ensuite ?

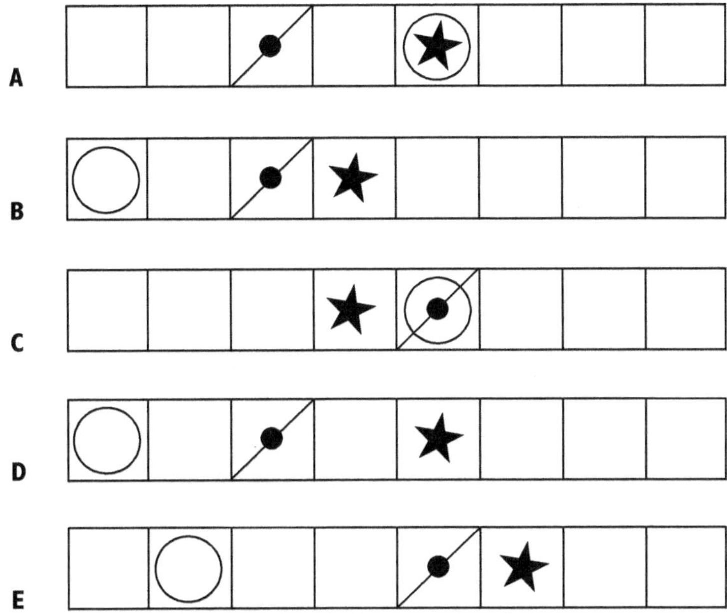

Test numérique

1 Quel nombre se cache derrière le point d'interrogation ?

A	B	C	D
21	16	41	81
27	24	43	100
35	36	47	?
45	48	51	144
63	56	53	169

2 Quelle masse faut-il mettre à la place du point d'interrogation pour équilibrer la balance ?

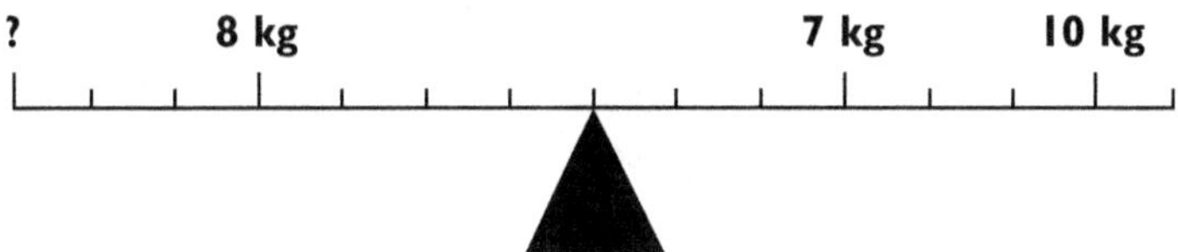

3 Quel nombre se cache derrière le point d'interrogation ?

48	6	13	21
60	10	15	21
33	11	16	19
42	14	17	20
72	12	14	?

4 Remplacez cette écriture décimale périodique par une fraction :

0,72161616... (16 à l'infini)

5 Simplifiez cette fraction :

$$\frac{21}{26} \div \frac{7}{13} \div \frac{4}{8}$$

6 Si
l'âge de Pierre additionné à l'âge de Jean vaut 121 et si
l'âge de Pierre additionné à l'âge d'Arthur vaut 112 et si
l'âge de Jean additionné à l'âge d'Arthur vaut 57,
quel âge ont Pierre, Jean et Arthur ?

7 Quel nombre continue la séquence ?

59, 73, 83, 94, 107, **?**

8 À l'occasion d'achats réalisés récemment au cours d'un voyage, le montant des dépenses de ma fille atteignait celui des dépenses de ma femme divisé par le montant de mes propres dépenses. Ma femme dépensa environ 60 € et aurait dépensé 15 fois plus que moi si elle avait dépensé 25 % de plus. Combien chacun d'entre nous a-t-il dépensé ?

9 À mi-chemin de son parcours de golf, un golfeur réussit un drive de 203 mètres, ce qui fait s'élever sa moyenne depuis le début du parcours de 176 mètres par drive à 179 mètres par drive. De quelle longueur aurait dû être son drive pour faire augmenter sa moyenne de 176 à 181 mètres ?

10 Carole, Téo et Georges possèdent des billes. Carole en possède un tiers de plus que Téo qui en a encore un tiers de plus que Georges. À eux tous ensemble, ils en ont 185. Combien chacun d'entre eux en a-t-il ?

11 De combien de minutes l'heure de midi est-elle dépassée si, 22 minutes auparavant, 11 heures était dépassé d'un nombre de minutes trois fois supérieur ?

12 Un train circulant à une vitesse de 45 km/h entre dans un tunnel de 2,5 km. La longueur du train est de $1/8^e$ de km.
Combien de temps faut-il au train pour traverser le tunnel entre le moment où l'avant du train pénètre dans le tunnel et celui où l'arrière du train en ressort ?

13 Georges et Didier partagent une certaine somme d'argent selon la proportion 4 pour 5.
Si Didier reçoit 120 €, quelle est la somme totale que Georges et Didier partagent ?

14 Quel nombre dans la grille est à 3 cases de lui-même plus 5, à 2 cases de lui-même multiplié par 3, à 2 cases de lui-même moins 4, à 3 cases de lui-même plus 2 et à 2 cases de lui-même plus 7 ?

36	40	8	49	57	11
12	7	27	25	9	20
5	24	30	15	19	5
9	4	6	16	2	60
10	21	17	15	14	22
3	54	18	8	13	21

15 Dans un sac de 10 pommes, 3 sont véreuses. Quels sont les risques en piochant deux pommes au hasard de tomber sur deux pommes véreuses ?

DEUXIÈME PARTIE

1

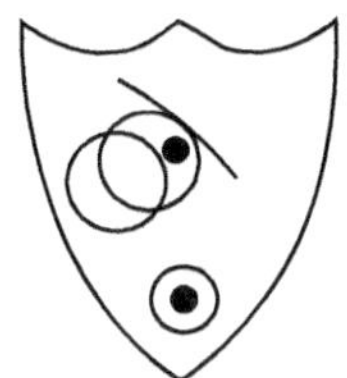

À quel bouclier ci-dessous peut-on ajouter un point de sorte que les deux points obéissent aux mêmes règles que dans le bouclier ci-dessus ?

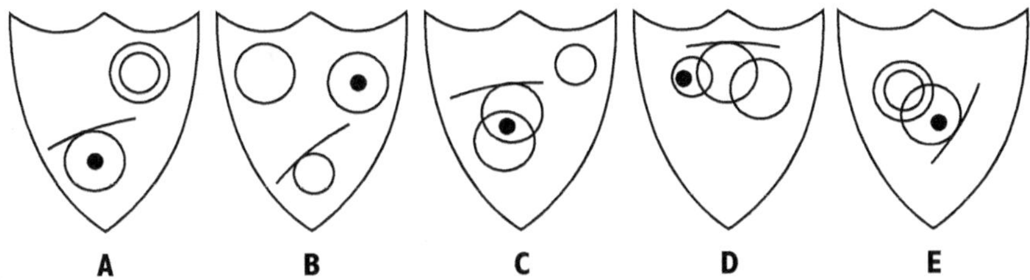

2 Quel chiffre se cache derrière le point d'interrogation ?

3	
4	1
6	3

4	
9	2
7	8

?	
3	1
8	5

(3) Quelles sont les 3 pièces qui, une fois associées, forment un carré parfait ?

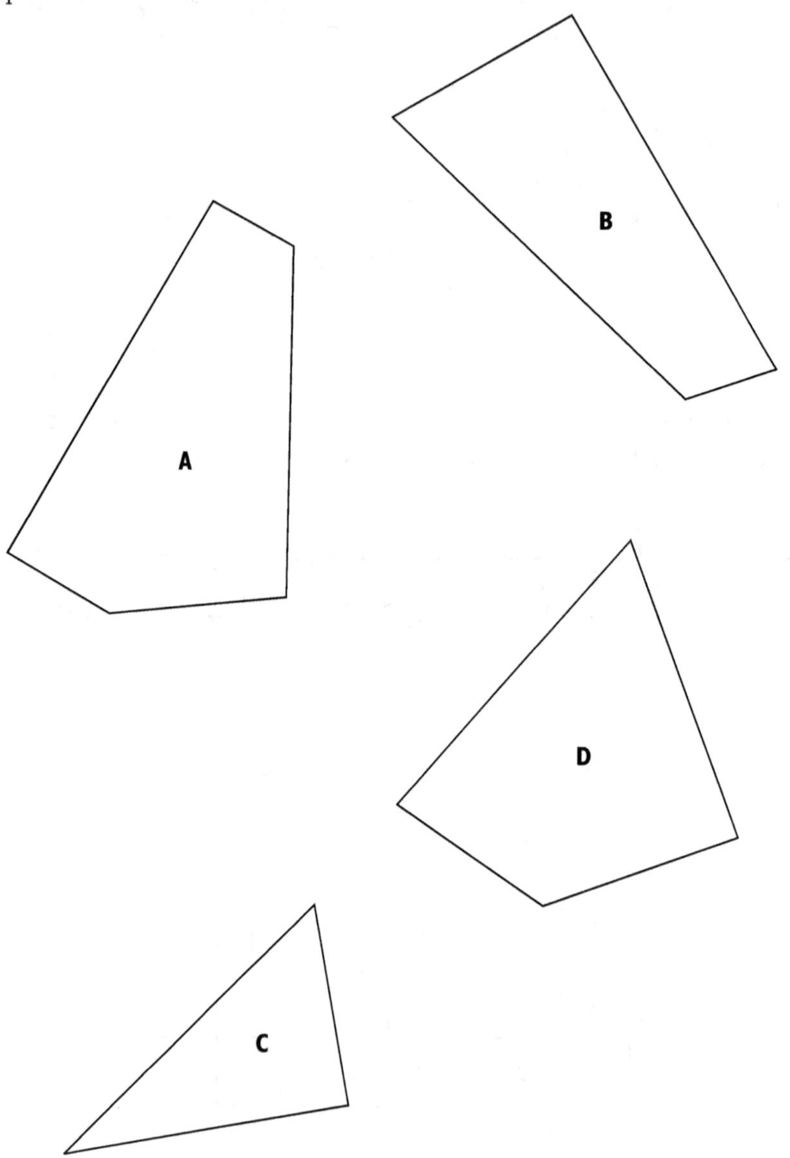

4

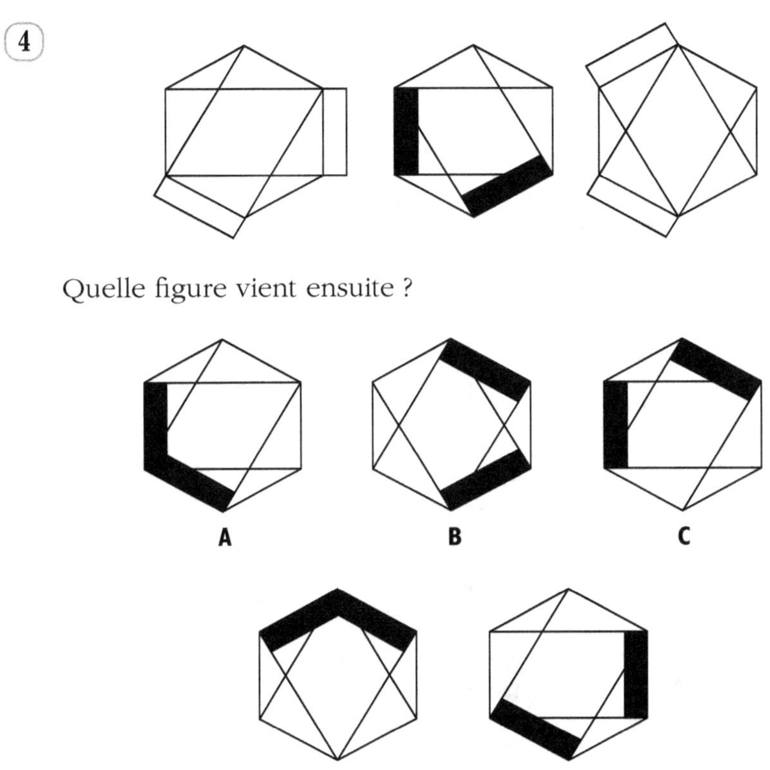

Quelle figure vient ensuite ?

5 146, 32, 256, 31, 248, 24, **?, ?, ?**

Quels sont les trois prochains nombres de cette séquence ?

6

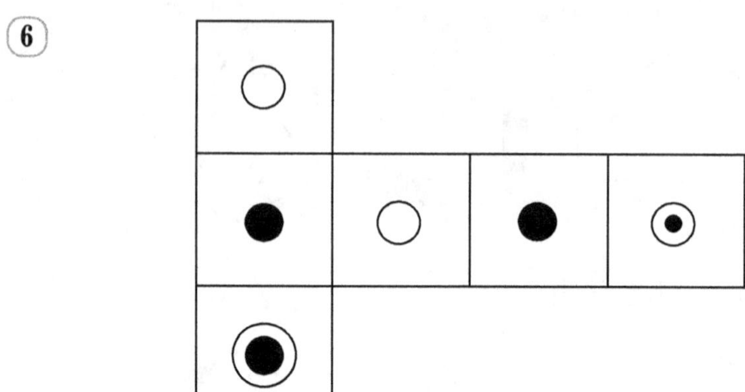

Si la figure ci-dessus est repliée pour former un cube, seuls deux des cubes suivants peuvent être constitués. Lesquels ?

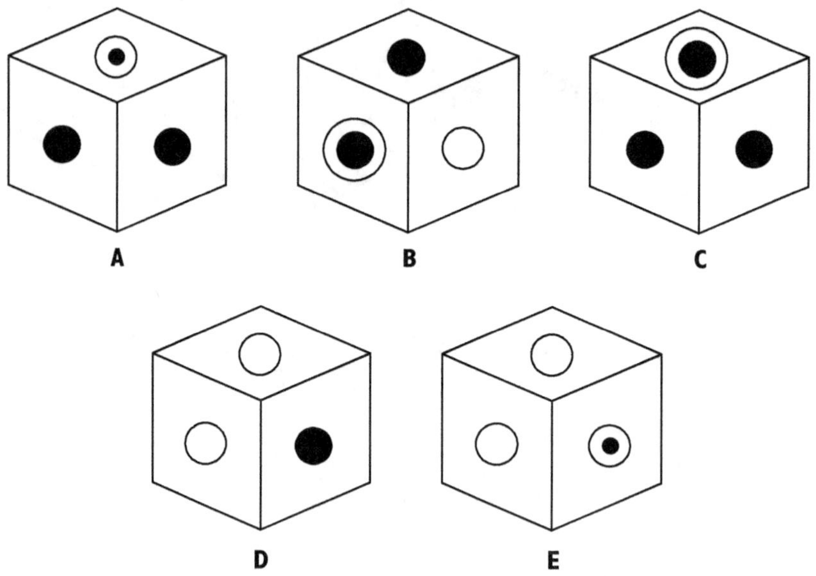

7

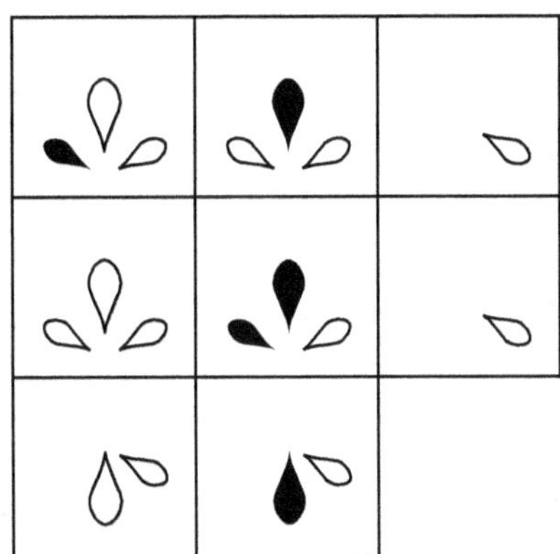

Quel est le carré manquant ?

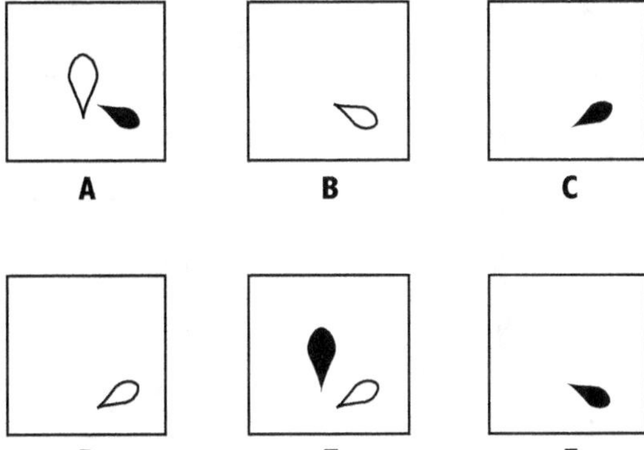

A   B   C

D   E   F

8

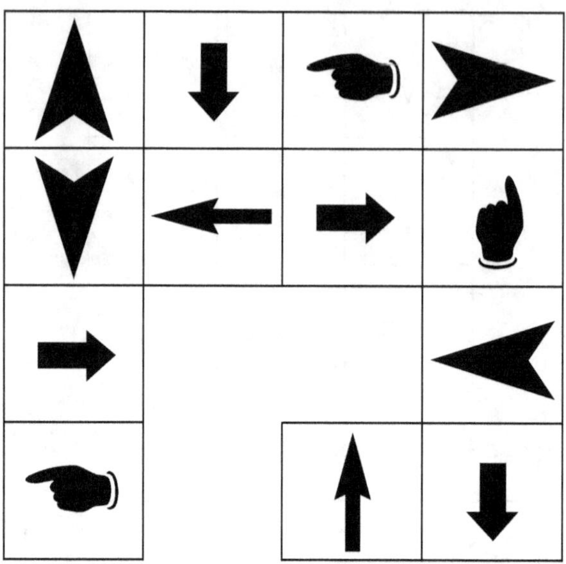

Quelles sont les cases qui manquent ?

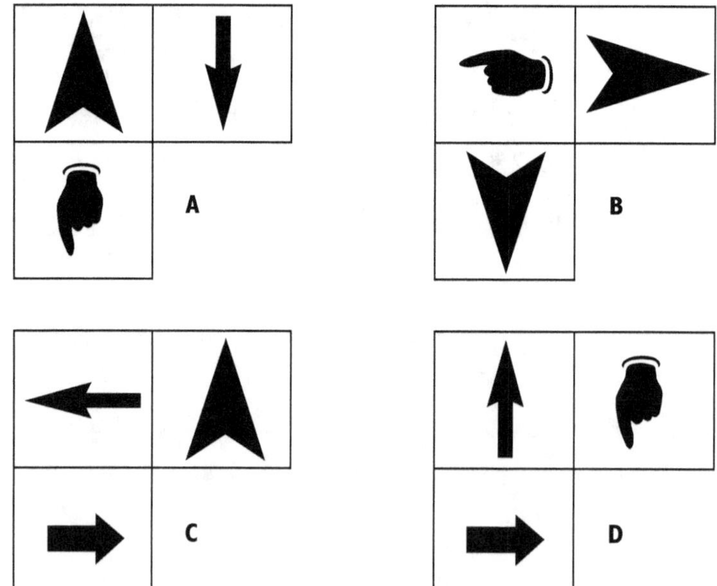

9

Quelle est la partie manquante ?

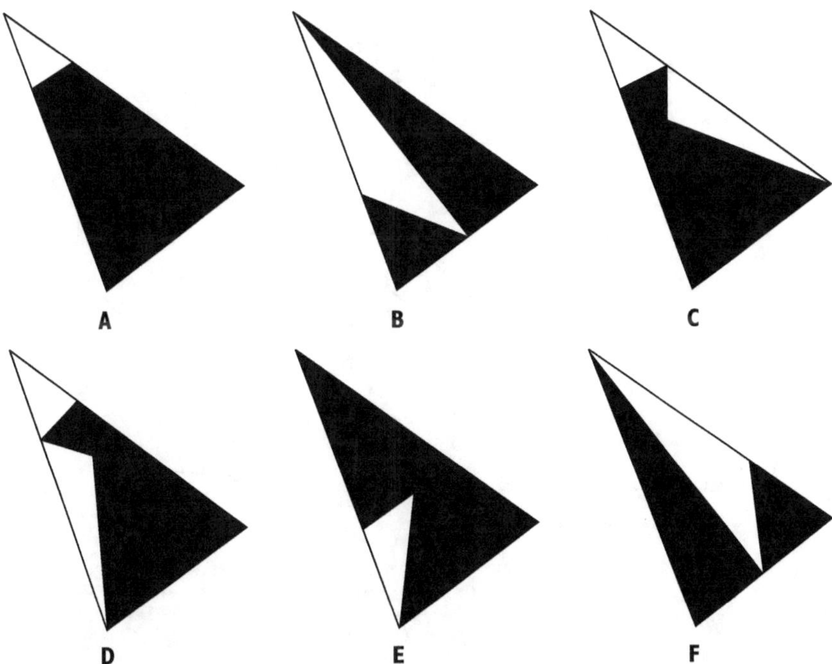

(10)

2	9	4	6	3
1	5	9	6	2
3	8	1	4	7
2	7	6	5	9
3	7	5	7	6

3	2	2	5	4
9	8	4	7	6
4	3	6	9	1
8	4	7	5	7
7	3	1	5	2

Trouvez une série de quatre nombres qui se répète dans les deux grilles ! La série peut apparaître horizontalement, verticalement, en diagonale, de gauche à droite ou de droite à gauche dans l'une ou l'autre des grilles, mais doit toujours suivre une ligne droite.

(11) Quel est l'intrus ?

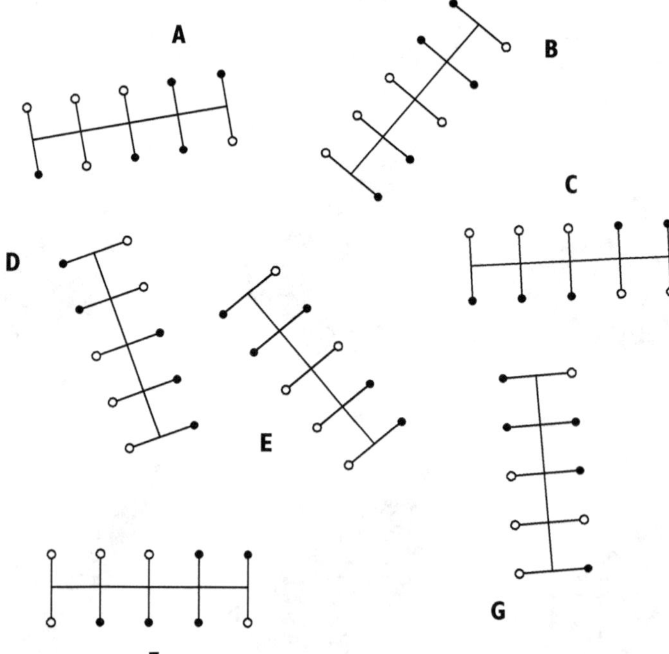

12 Par quel nombre le point d'interrogation doit-il être remplacé ?

A

25	14	11	7	61
53	9	19	12	72
17	8	23	13	49
9	21	6	?	5
31	10	15	44	1

B

75	56	55	42	427
159	36	95	72	504
51	32	115	78	343
27	84	30	60	35
93	40	75	264	7

13 Quel nombre se cache derrière le point d'interrogation ?

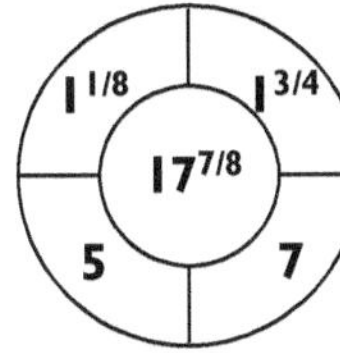
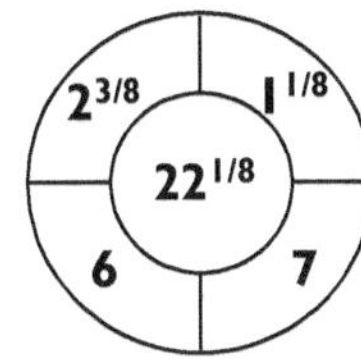
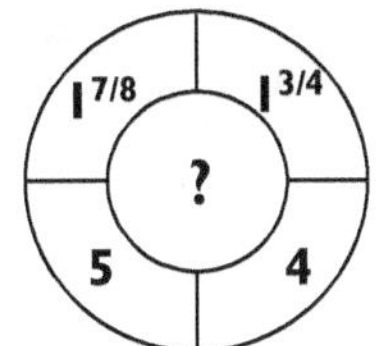

14 Commencez dans un coin du carré et progressez selon une spirale pour déterminer le nombre qui se cache derrière le point d'interrogation !

105	112	108	115	111
109	84	91	87	94
102	88	75	82	90
106	81	?	78	97
99	103	96	100	93

15 Multipliez le plus petit nombre premier par le plus grand nombre impair !

29	63	51	21	47	65
61	87	85	73	45	41
49	95	31	55	93	83
79	43	15	91	59	27
35	77	67	19	71	23
37	81	99	53	19	33

16

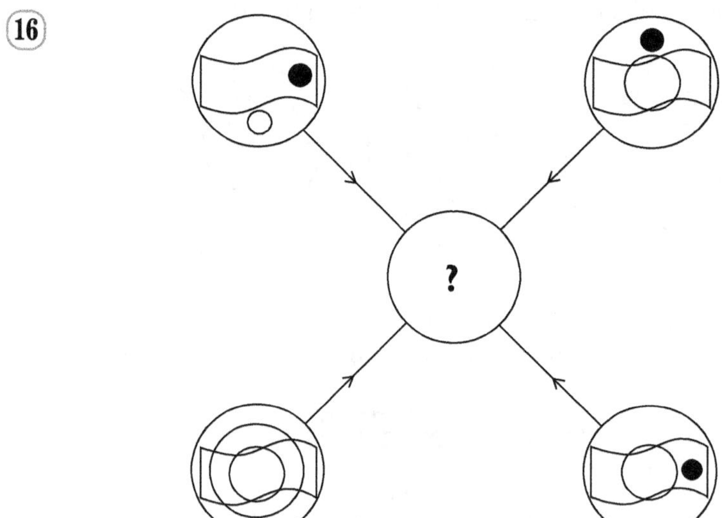

Chaque ligne et chaque symbole apparaissant dans les quatre cercles extérieurs ci-dessus doit être transféré dans le cercle central en respectant les règles suivantes :

si une ligne ou un symbole apparaît dans les cercles extérieurs

une fois	il est transféré
deux fois	il peut être transféré
trois fois	il est transféré
quatre fois	il n'est pas transféré

Quel cercle parmi les cercles A, B, C, D ou E ci-dessous devrait être au centre du diagramme ci-dessus ?

A B C D E

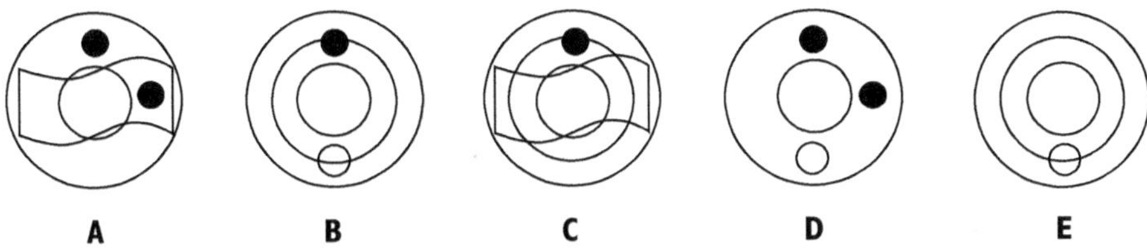

17 Quel hexagone se cache derrière le point d'interrogation ?

A B C D E

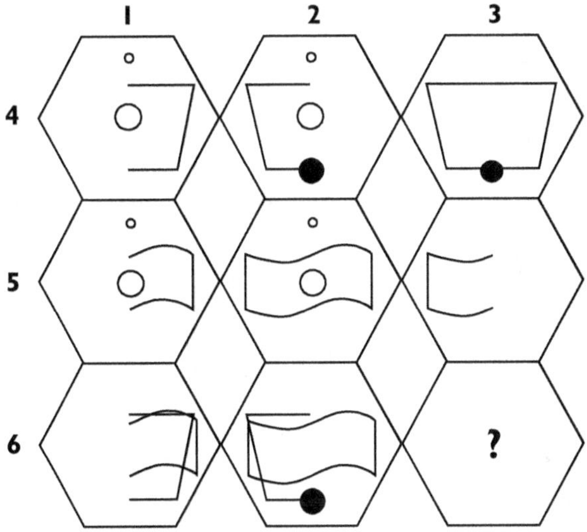

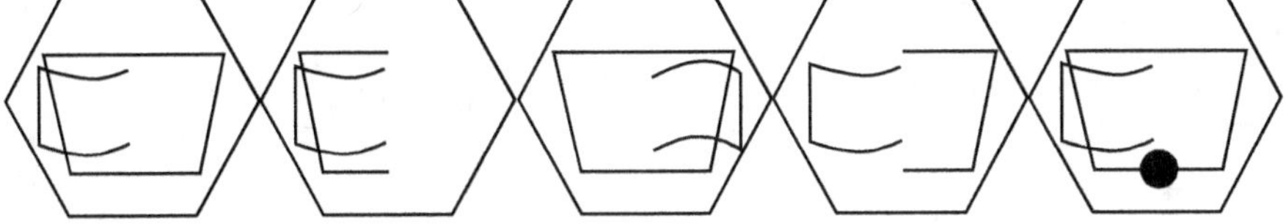

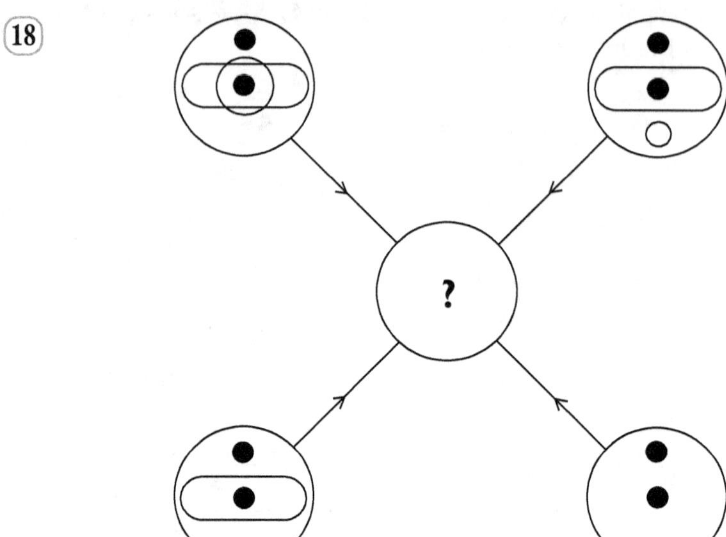

Chaque ligne et chaque symbole apparaissant dans les quatre cercles extérieurs ci-dessus doit être transféré dans le cercle central en respectant les règles suivantes :

si une ligne ou un symbole apparaît dans les cercles extérieurs

une fois	il est transféré
deux fois	il peut être transféré
trois fois	il est transféré
quatre fois	il n'est pas transféré

Quel cercle parmi les cercles A, B, C, D ou E ci-dessous devrait être au centre du diagramme ci-dessus ?

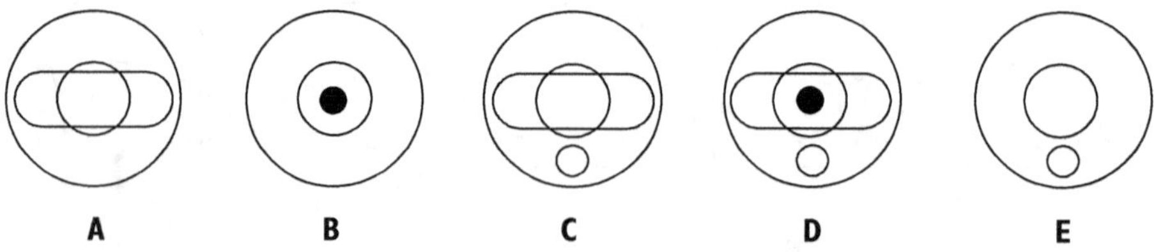

19 Quel domino est l'intrus de la série ?

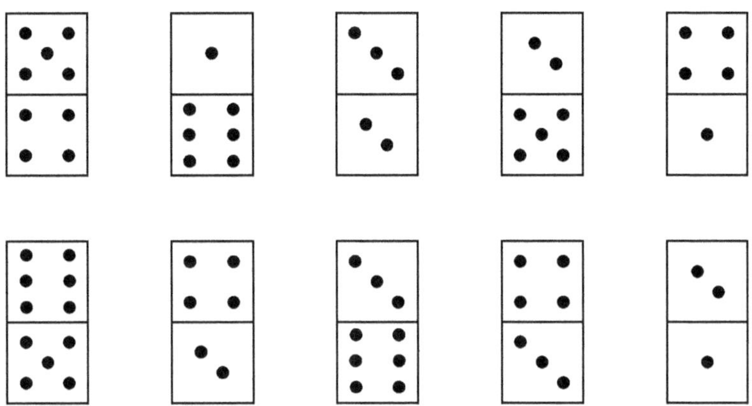

20 Quel nombre se cache derrière le point d'interrogation ?

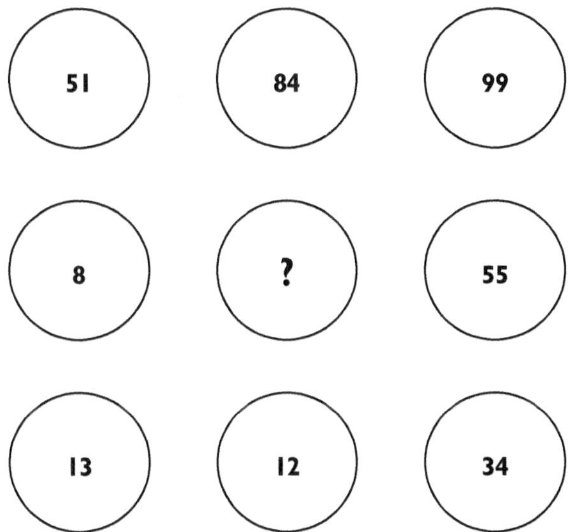

1

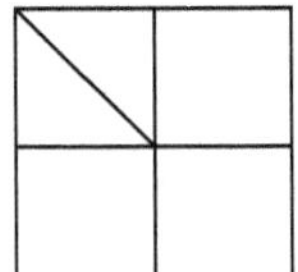 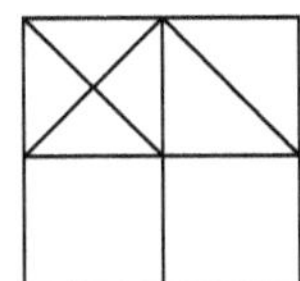 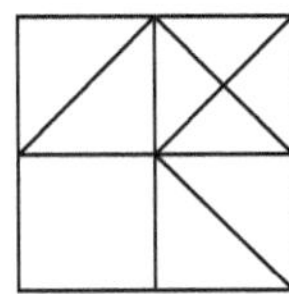 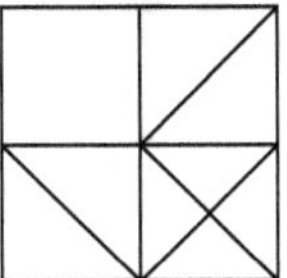 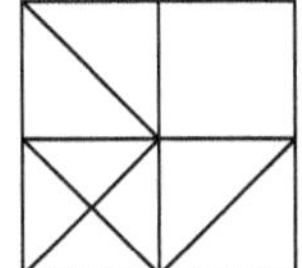

Complétez le carré qui suit la séquence suivante.

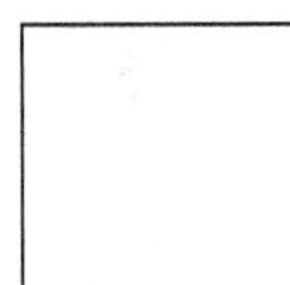

2 Quel nombre se cache derrière le point d'interrogation ?

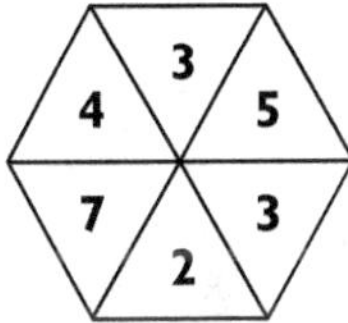 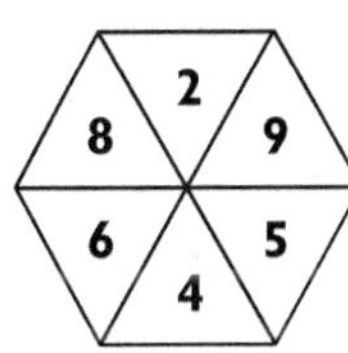 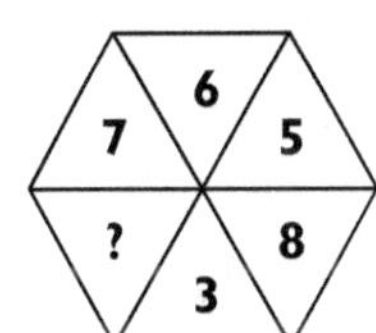

(3)

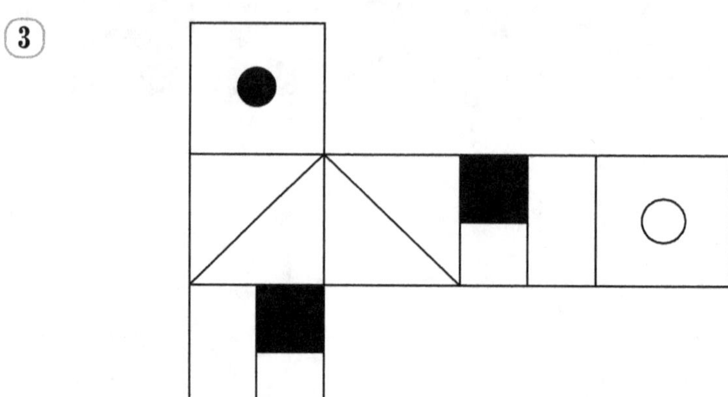

Si la figure ci-dessus est repliée pour former un cube, seul un des cubes suivants peut être constitué. Lequel ?

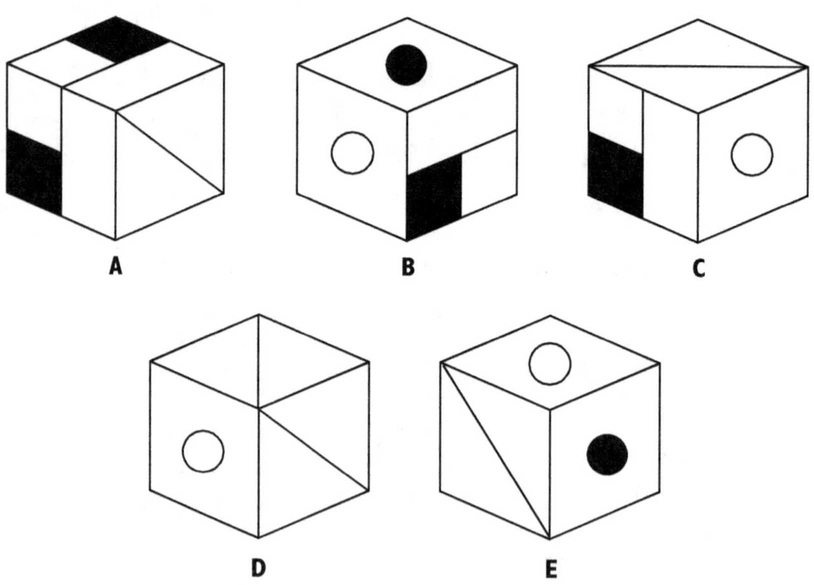

A   B   C

D   E

(4) Quelles sont les 3 pièces qui, une fois associées, forment un carré parfait ?

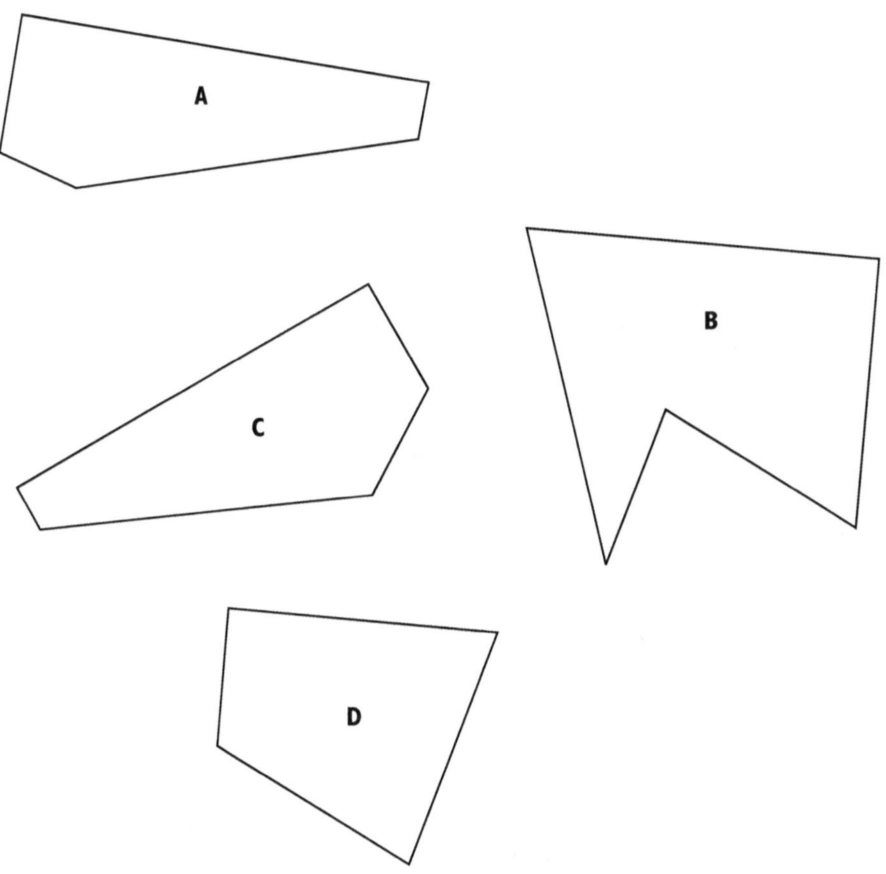

(5) Quel nombre se cache derrière le point d'interrogation ?

3	6	3	9	4	?	6
7	4	2	5	4	8	I	7

(6)

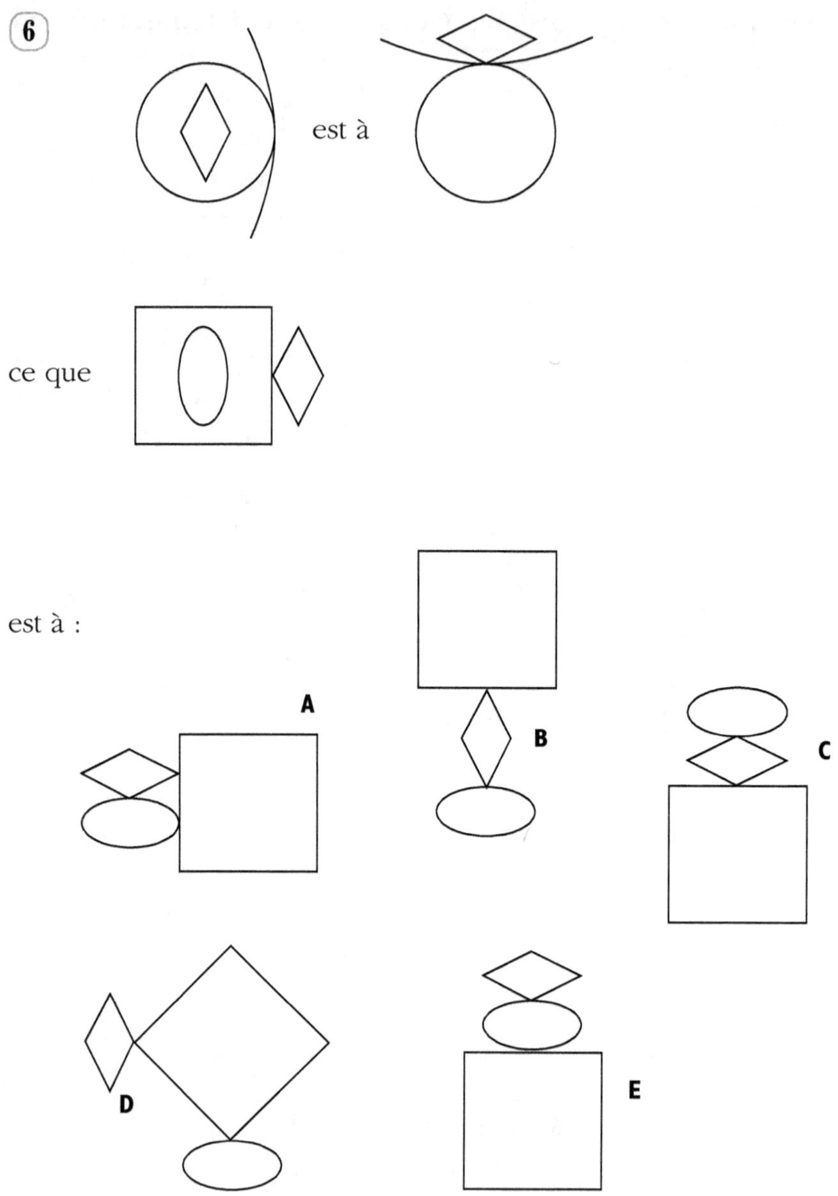

est à

ce que

est à :

7 Combien de lignes apparaissent ci-dessous ?

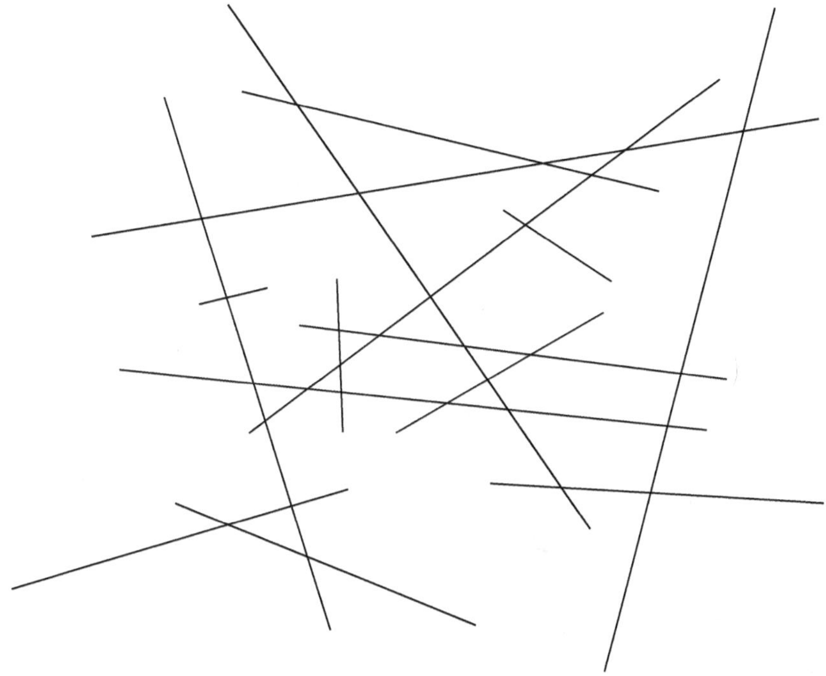

8 Quels sont les deux intrus parmi les nombres ci-dessous ?

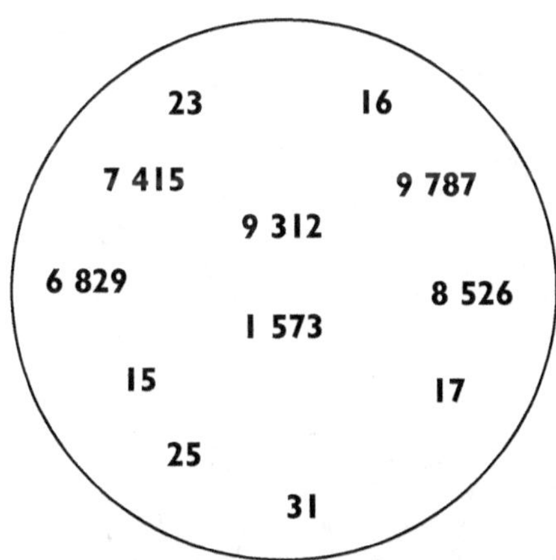

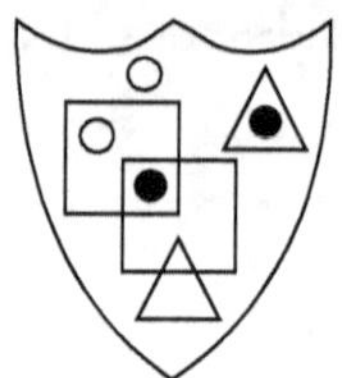

Quel bouclier est le plus proche du bouclier ci-dessus ?

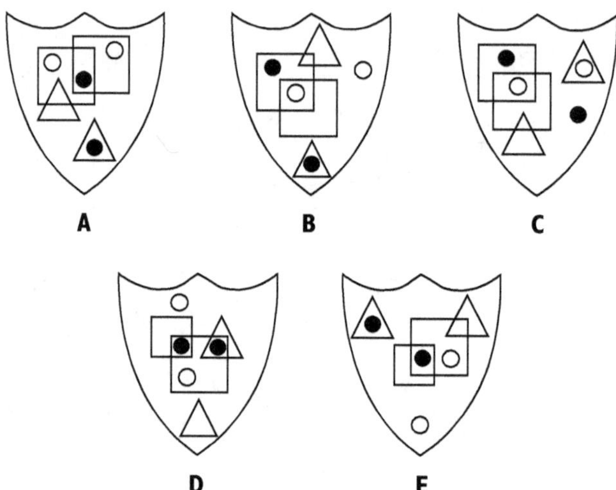

A   **B**   **C**

D   **E**

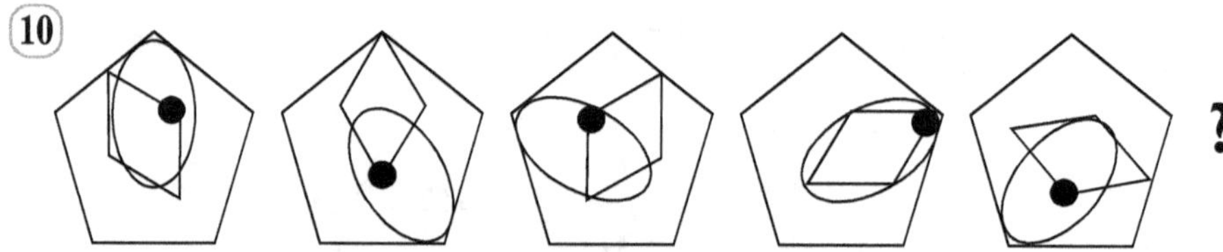

Quel pentagone doit poursuivre la séquence ?

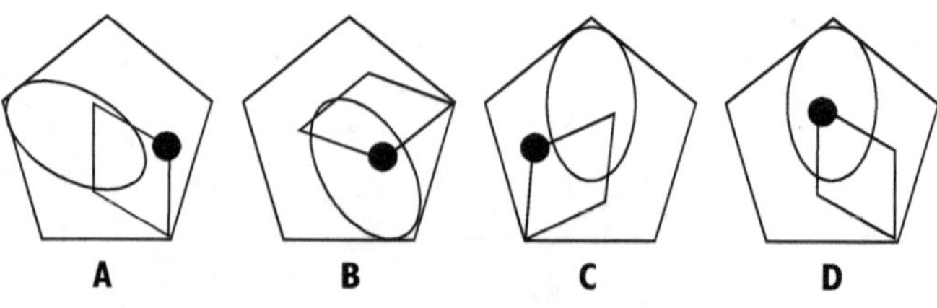

A   **B**   **C**   **D**

11

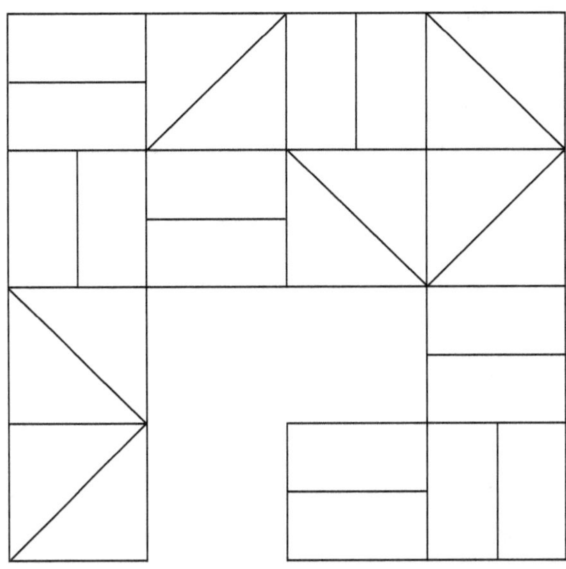

Quelles sont les cases qui manquent ?

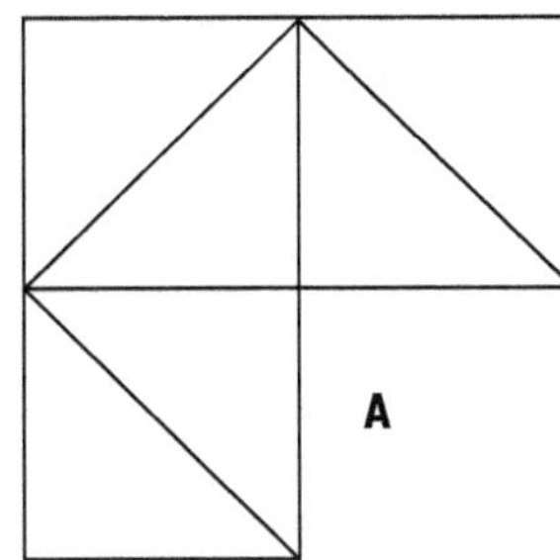

A

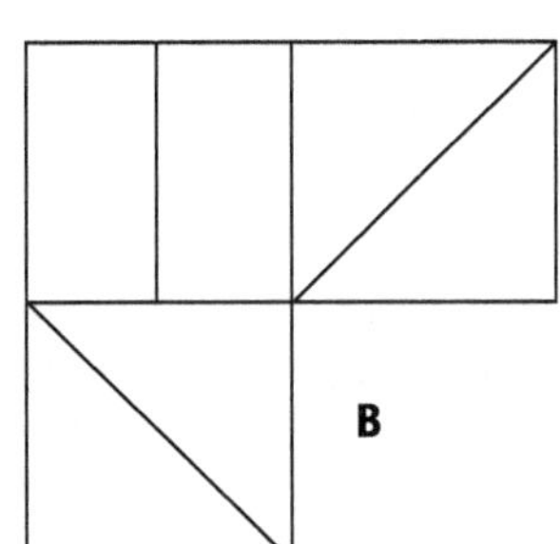

B

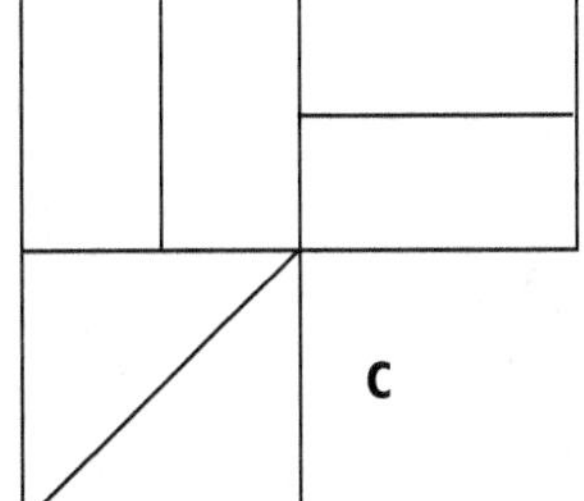

C

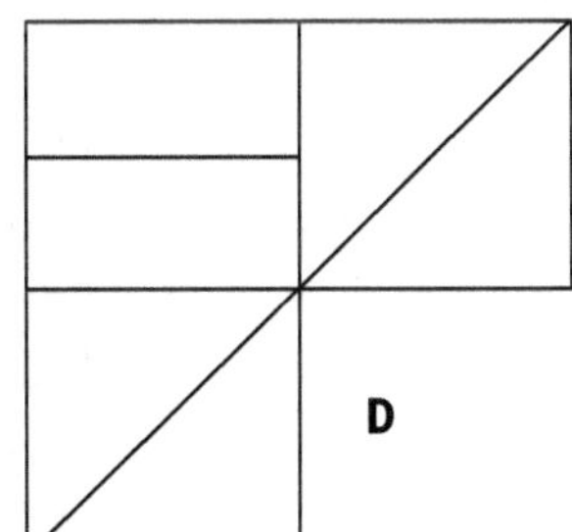

D

12 Quel est le poids d'un sac de pommes de terre ?

S'il pèse :

        A.   50 kg plus $1/11^e$ de son propre poids ?

        B.   55 kg plus $1/6^e$ de son propre poids ?

        C.   63 kg plus $1/8^e$ de son propre poids ?

        D.   88 kg plus $1/9^e$ de son propre poids ?

Il y a quatre réponses à trouver.

13 Quel nombre se cache derrière le point d'interrogation ?

A

88	65	69	51	72
91	54	56	62	80
67	67	80	68	70
72	74	98	66	128
63	129	67	67	112

B

41	17	20	1	21
44	6	7	12	29
20	19	31	18	19
25	?	49	16	77
16	81	18	17	61

14 Je suis quatre fois plus vieux que mon fils. Dans 20 ans, je serai deux fois plus vieux que lui. Quel âge avons-nous aujourd'hui ?

15 Quels sont les cinq nombres dans le tableau suivant dont la somme est égale à 1 000 ?

373	135	30	375
126	411	416	64
73	382	66	128
418	21	23	425

16 Quel nombre se cache derrière le point d'interrogation de manière
à renseigner le chaînon manquant ?

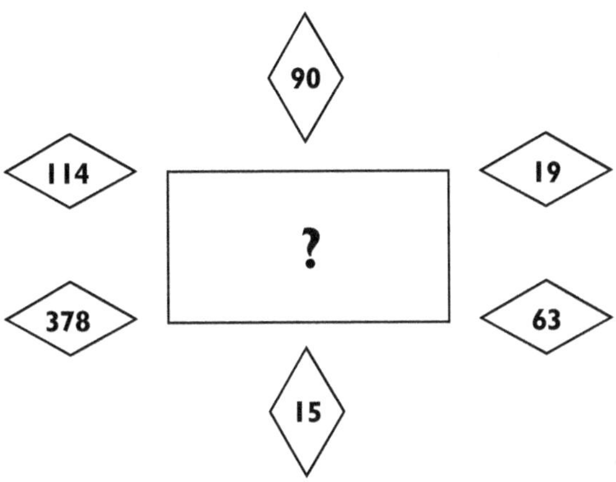

17

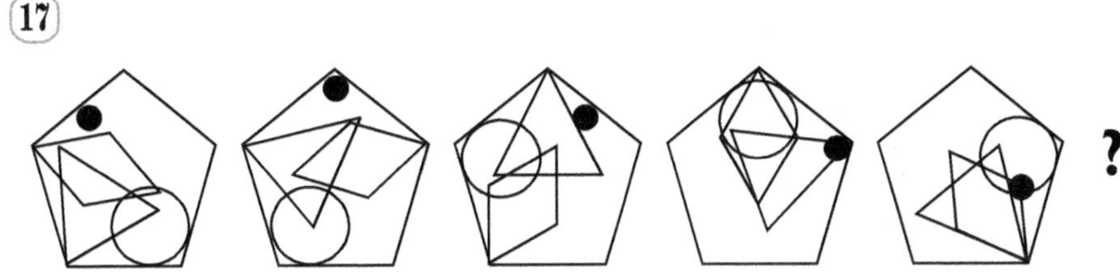

Quelle figure poursuit la séquence ci-dessus ?

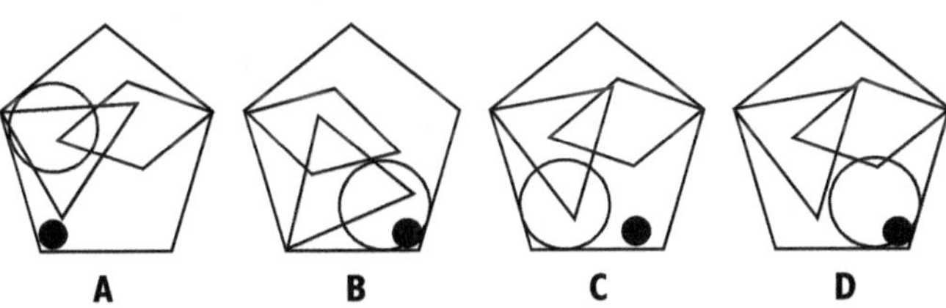

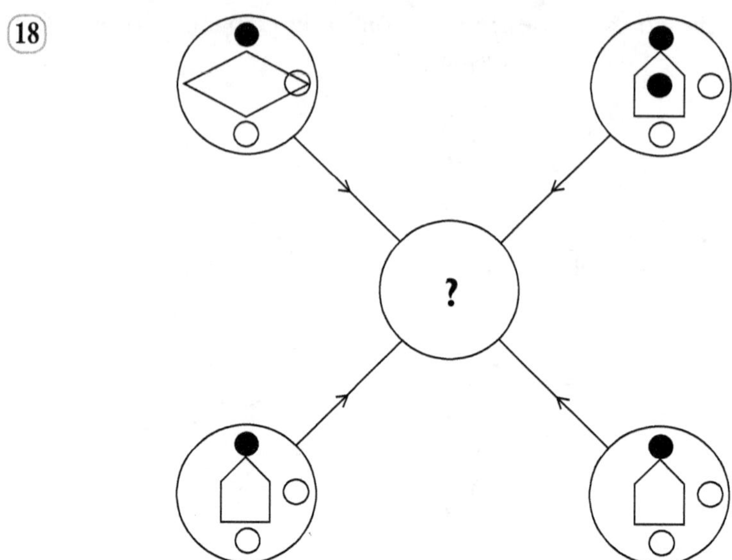

Chaque ligne et chaque symbole apparaissant dans les quatre cercles extérieurs ci-dessus doit être transféré dans le cercle central en respectant les règles suivantes :

si une ligne ou un symbole apparaît dans les cercles extérieurs

une fois	il est transféré
deux fois	il peut être transféré
trois fois	il est transféré
quatre fois	il n'est pas transféré

Quel cercle parmi les cercles A, B, C, D ou E ci-dessous devrait être au centre du diagramme ci-dessus ?

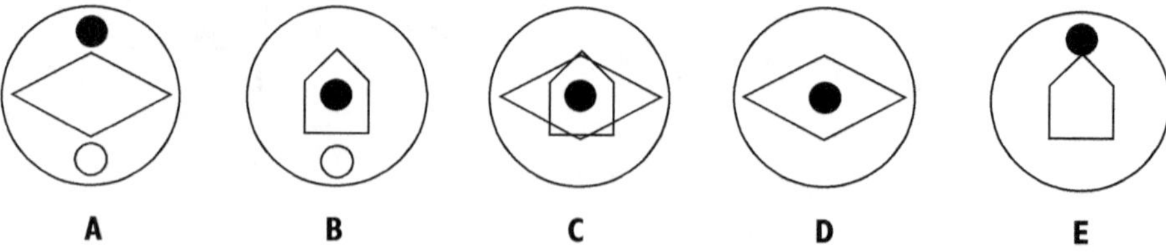

(19)

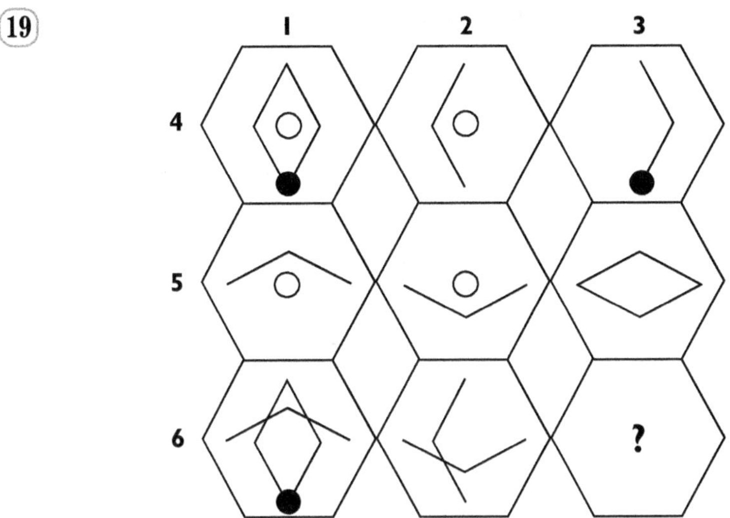

Quel hexagone se cache derrière le point d'interrogation ?

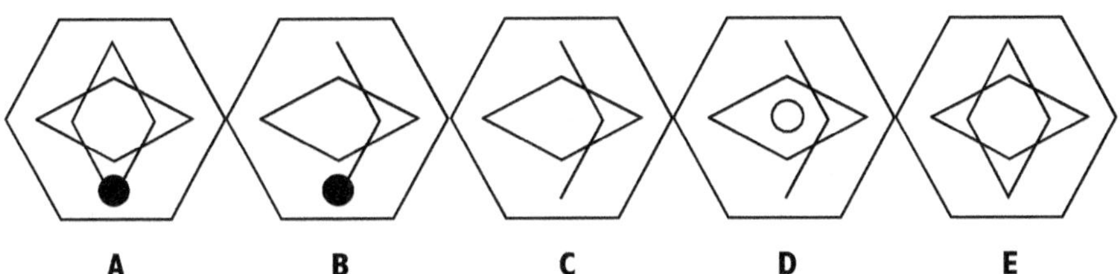

A   B   C   D   E

20 Chaque case est la somme des deux cases sur lesquelles elle repose.
Remplissez les cases.
Indice : il y a un nombre négatif.

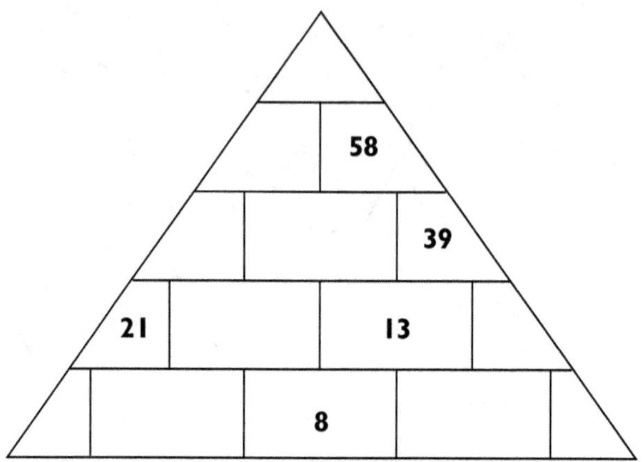

(1)

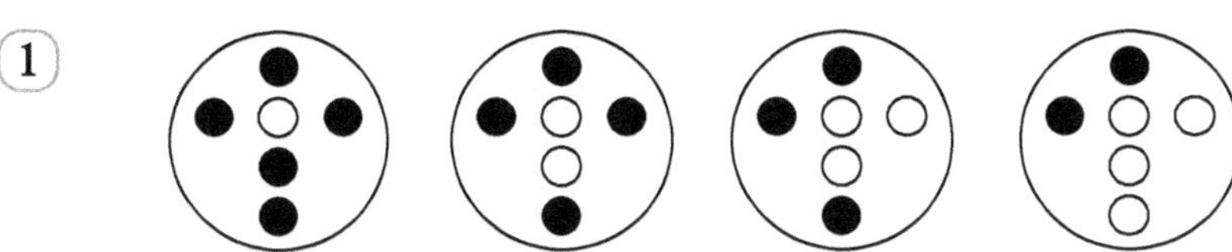

Quelle figure poursuit la séquence ci-dessus ?

A   **B**   **C**   **D**   **E**

(2) Quel nombre se cache derrière le point d'interrogation ?

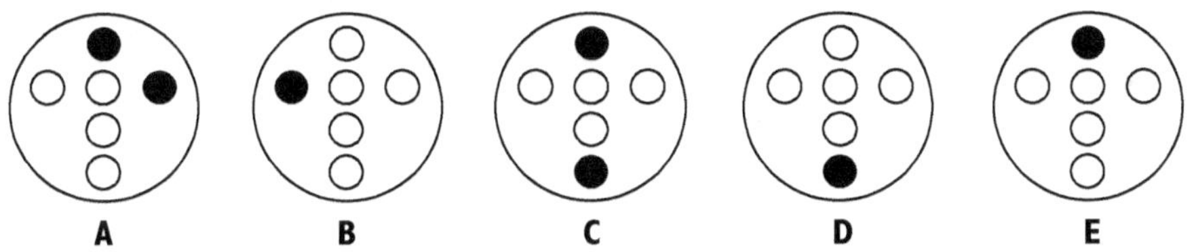

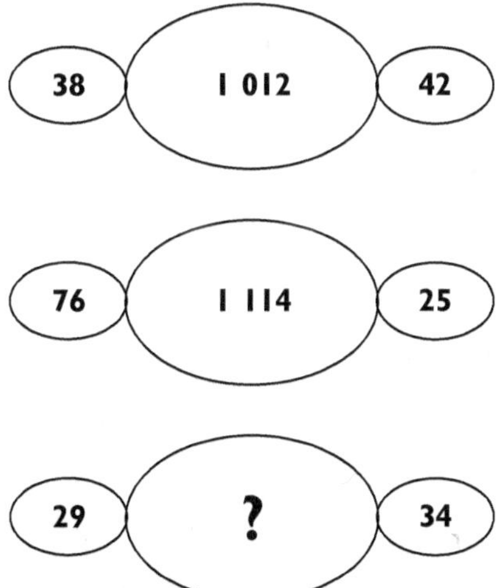

3

ce que 

est à :

A 

B 

C 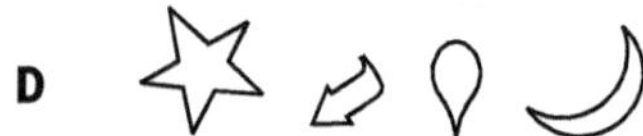

D 

E

4 472, 314, 723, **?**

Quel nombre poursuit la séquence ?

5

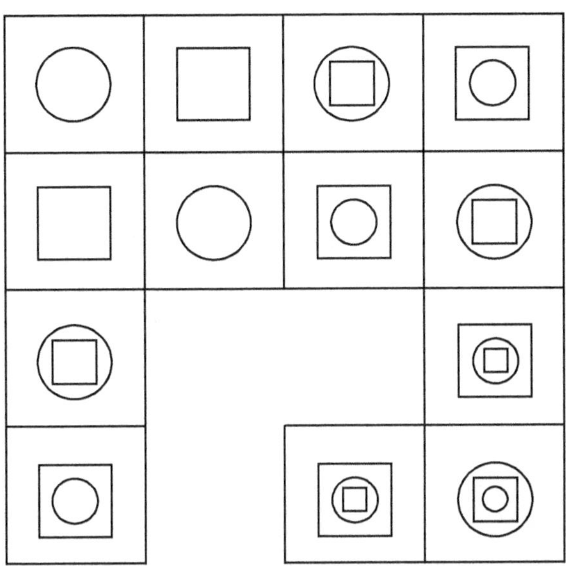

Quelles sont les cases qui manquent ?

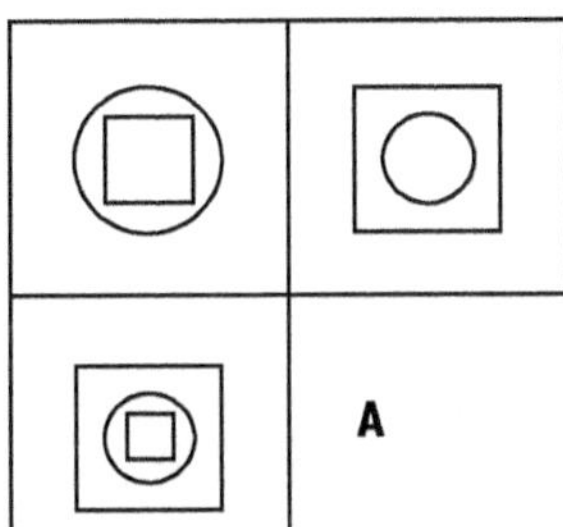

A

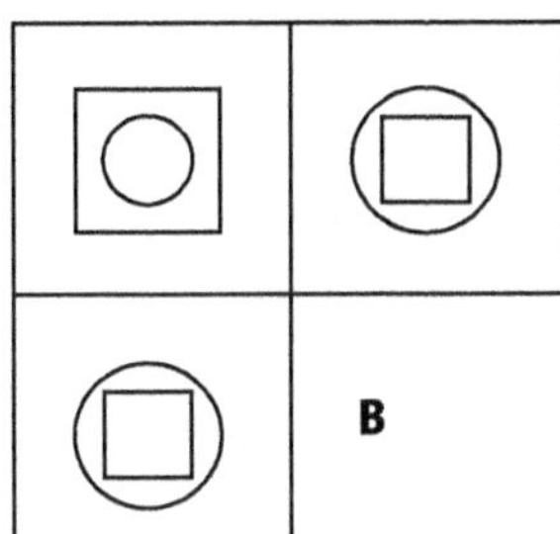

B

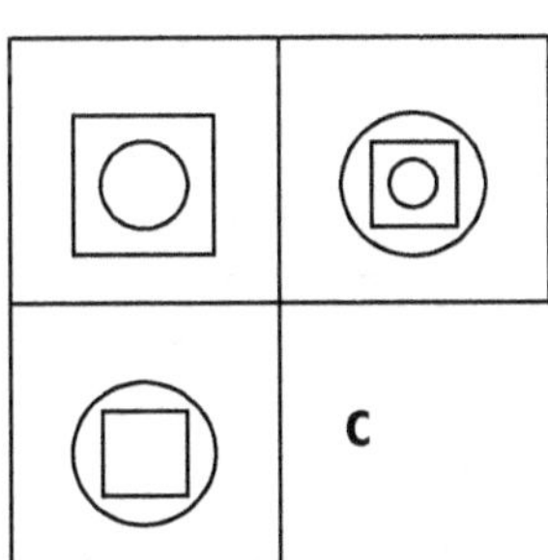

C

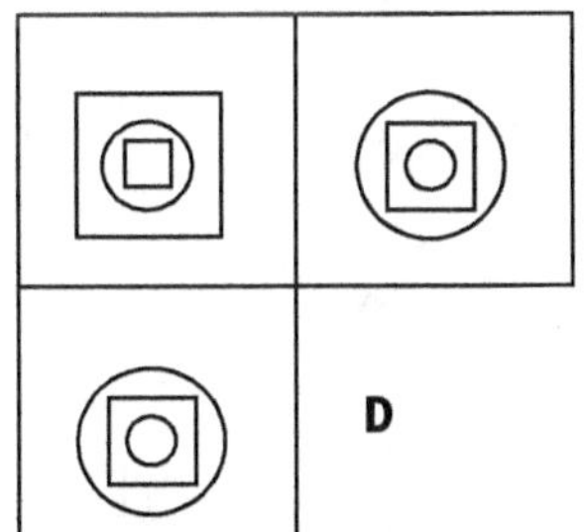

D

6 Divisez le carré en quatre parties de forme et de taille égales de sorte que chaque partie contienne un seul des quatre symboles.

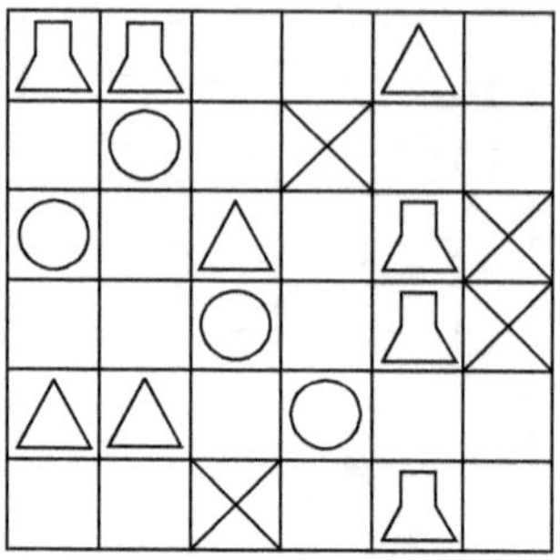

7

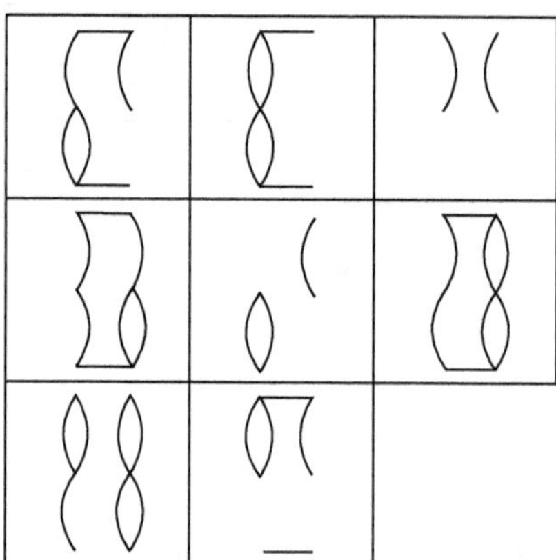

Quel est le carré manquant ?

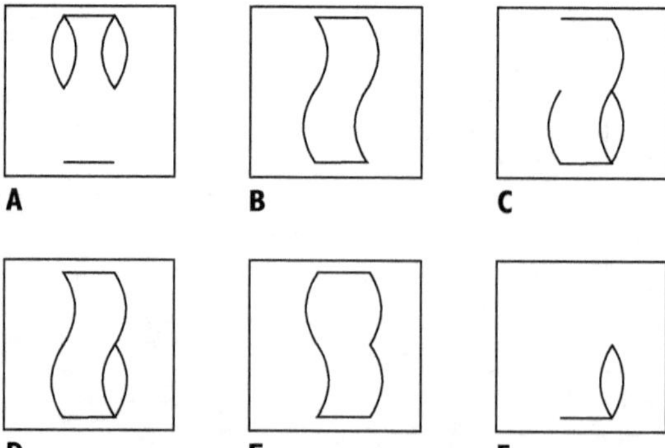

A   **B**   **C**

D   **E**   **F**

8

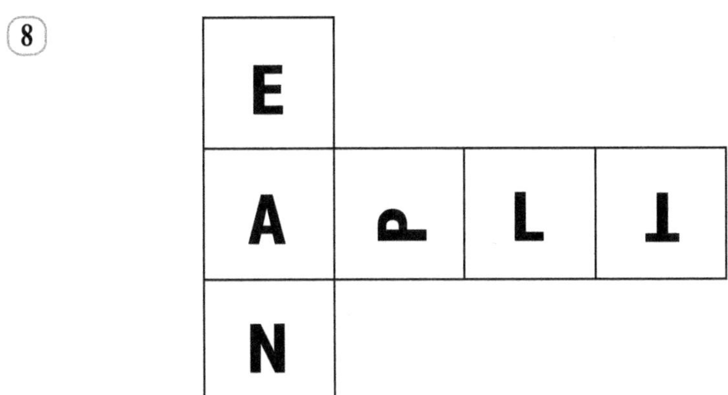

Si la figure ci-dessus est repliée pour former un cube, seul un des cubes suivants peut être constitué. Lequel ?

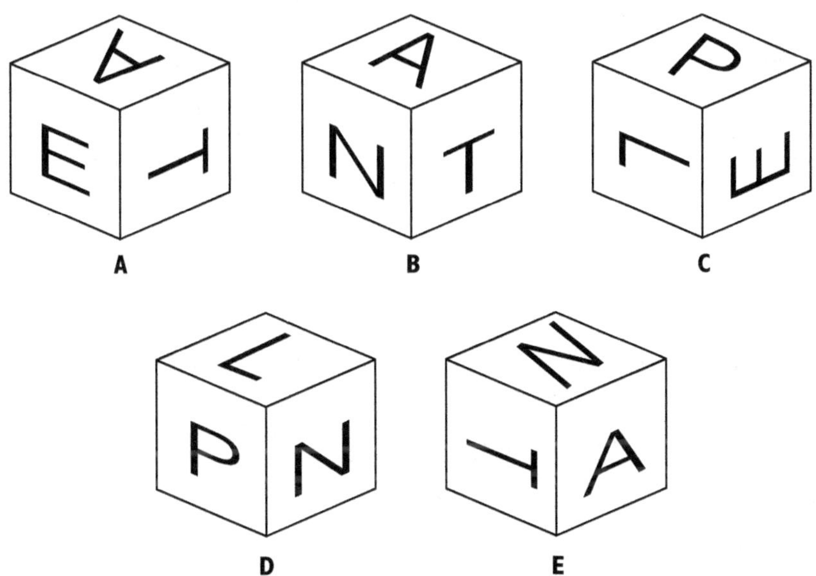

A   B   C

D   E

9 Quel nombre se cache derrière le point d'interrogation ?

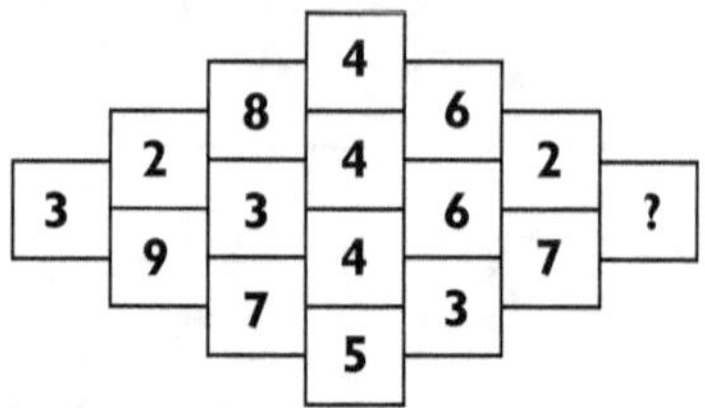

10

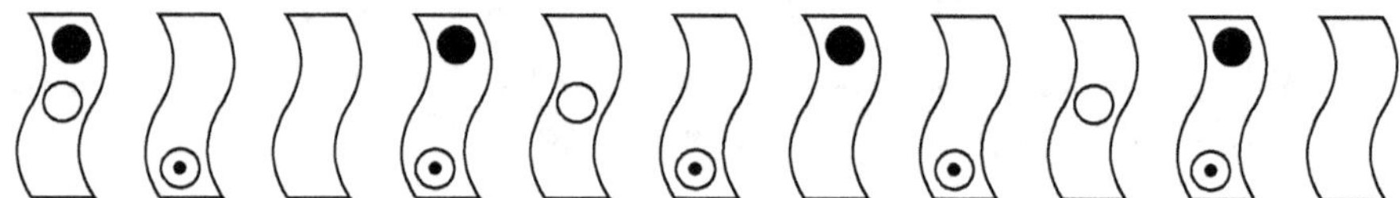

Quelles sont les deux figures qui poursuivent la séquence ?

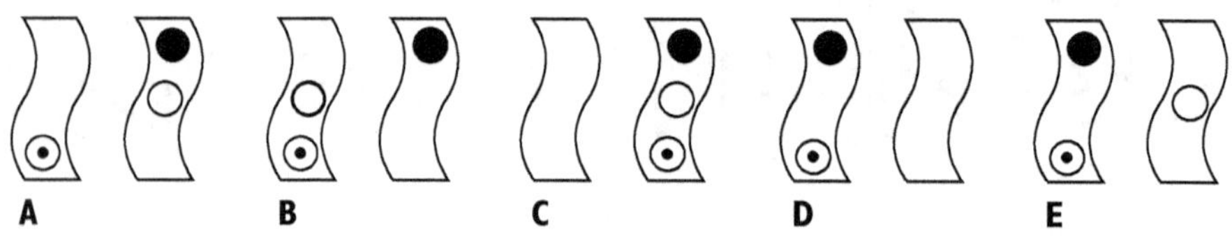

A   B   C   D   E

11 Lequel de ces calculs n'est pas égal à 100 ?

A $47^{9/16} + 52^{7/16}$

B $12^2 - 70 + (2 \times 13)$

C $3^2 + 4^2 + 5^2 + 6^2 + 64 - 56$

D $100 \times \dfrac{13}{17} \div \dfrac{26}{34}$

12 Six ananas et huit kiwis coûtent 20 euros.
Cinq ananas et 10 kiwis coûtent 19 euros.
Combien coûte un ananas et un kiwi ?

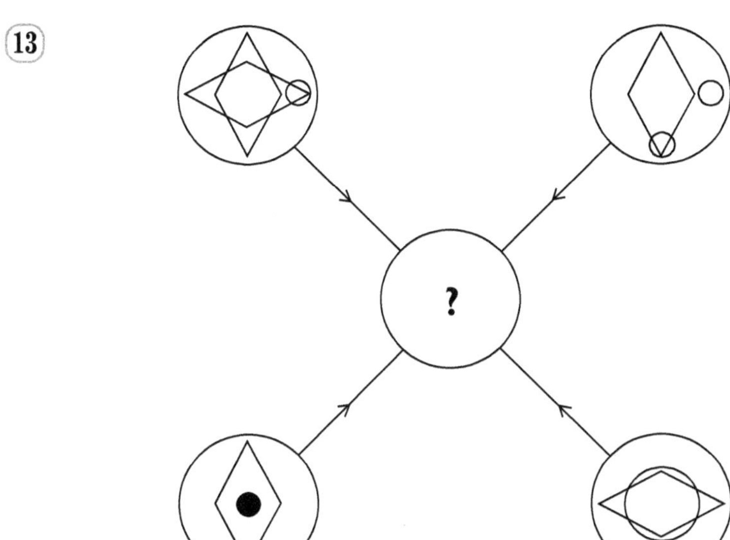

Chaque ligne et chaque symbole apparaissant dans les quatre cercles extérieurs ci-dessus doit être transféré dans le cercle central en respectant les règles suivantes :

si une ligne ou un symbole apparaît dans les cercles extérieurs

une fois	il est transféré
deux fois	il peut être transféré
trois fois	il est transféré
quatre fois	il n'est pas transféré

Quel cercle parmi les cercles A, B, C, D ou E ci-dessous devrait être au centre du diagramme ci-dessus ?

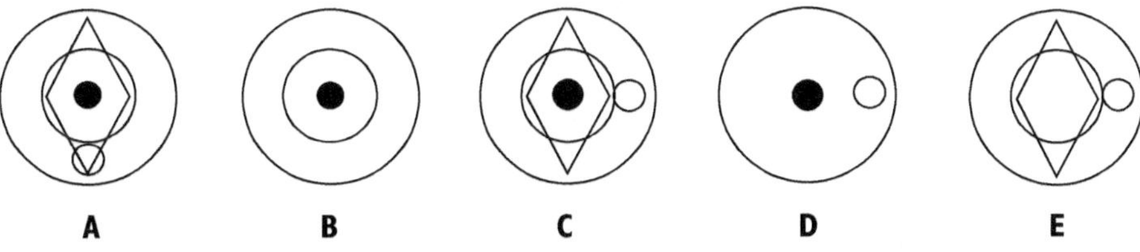

14 De combien de façons est-il possible de choisir un nombre dans chaque colonne de sorte que la somme des trois nombres fasse 20 ?

10	8	1
7	17	9
5	6	7
6	9	4
2	11	8

15 Quel nombre se cache derrière le point d'interrogation ?

16 Les lettres A à H correspondent aux chiffres 1 à 8, mais dans un ordre différent. Trouvez la valeur de chacune des lettres si :

$$B + D = 3$$
$$A + F = 8$$
$$C + G = 15$$
$$D + H = 7$$
$$B + E = 6$$
$$C + F = 10$$
$$B + E + G = 14$$

Indice : A = 5

17 Simplifiez :

$$\frac{17}{23} \div \frac{8}{46} \div \frac{34}{16}$$

(18) Quel nombre se cache derrière le point d'interrogation ?

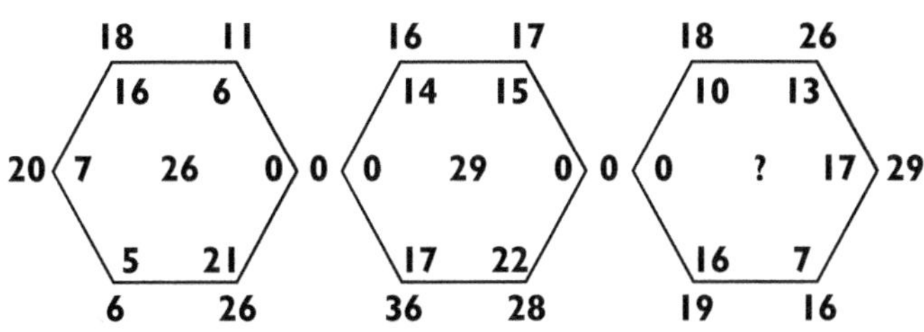

(19) Quel nombre continue la séquence ?

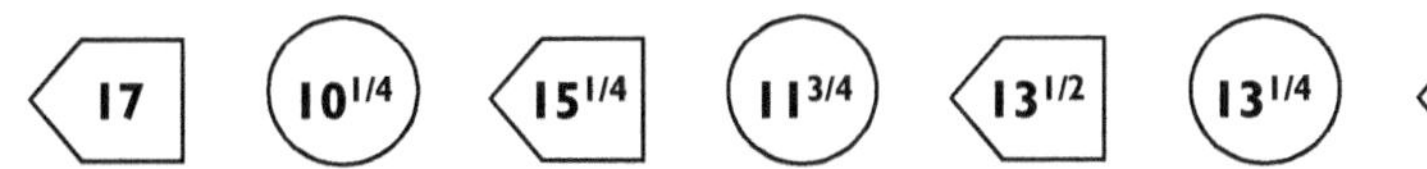

(20) Quel nombre se cache derrière le point d'interrogation ?

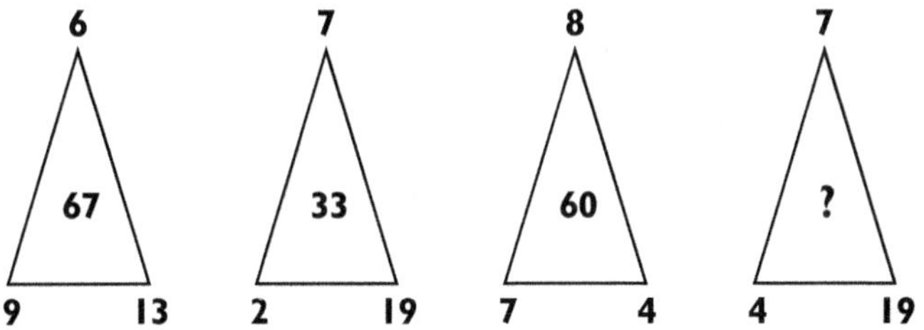

1 A B C D E F G H

Quelle lettre est située trois rangs à droite de la lettre qui se trouve à gauche de la lettre qui est à mi-chemin entre la lettre à gauche de la lettre H et celle placée deux rangs à gauche de la lettre C ?

2

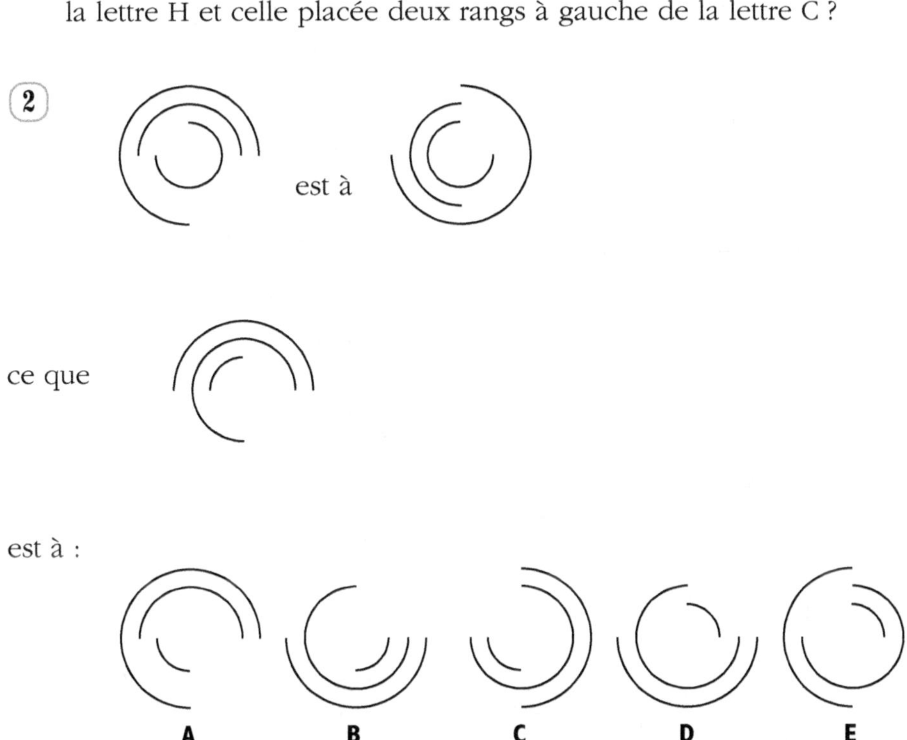

est à

ce que

est à :

③

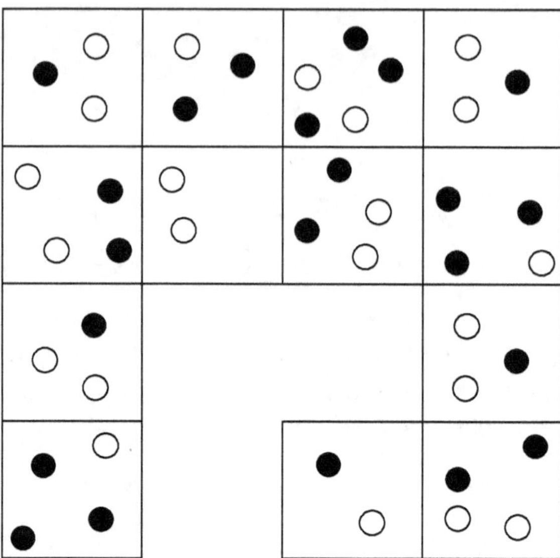

Quelles sont les cases manquantes ?

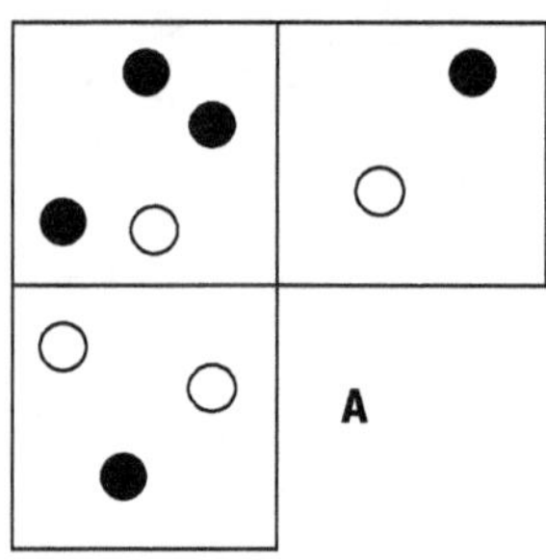

A

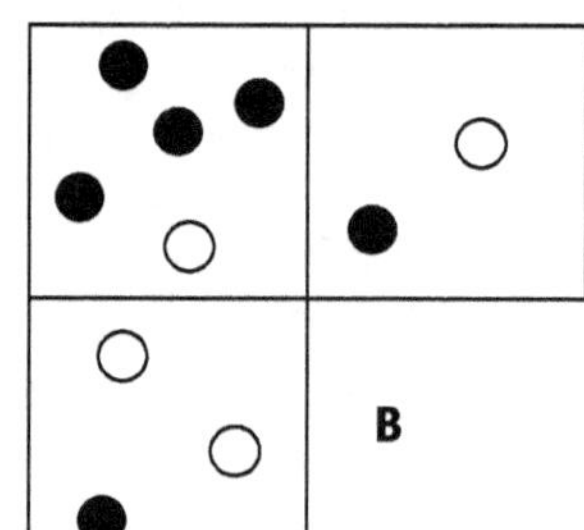

B

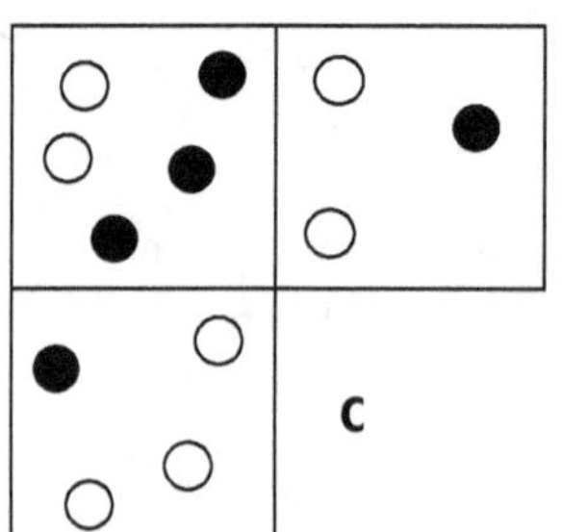

C

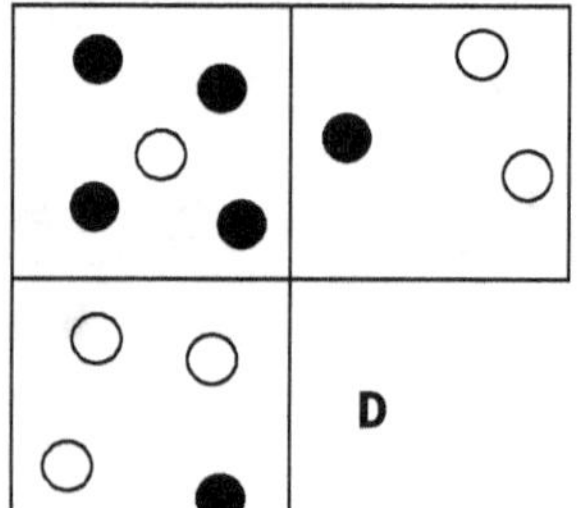

D

4 Complétez les quatre nombres manquants.

3	8	4	9	6	3
6	4	8	6	9	8
9	9	**?**	**?**	4	4
4	6	**?**	**?**	8	9
8	3	9	4	3	6
3	8	4	9	6	3

5 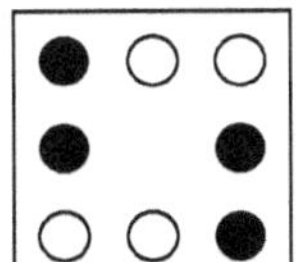 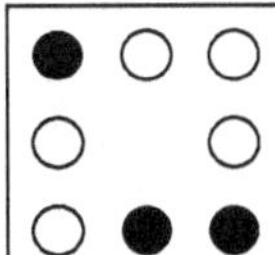 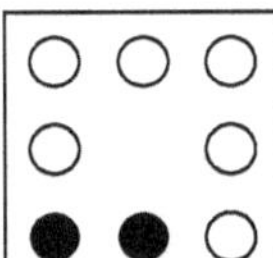 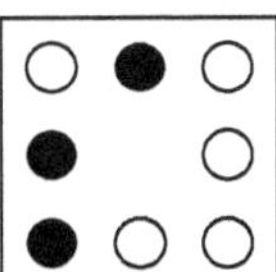 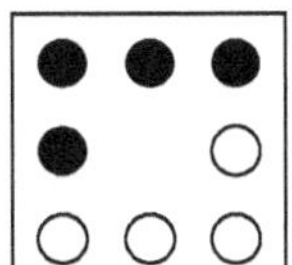

Quelle figure vient ensuite ?

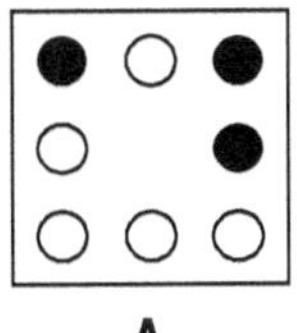 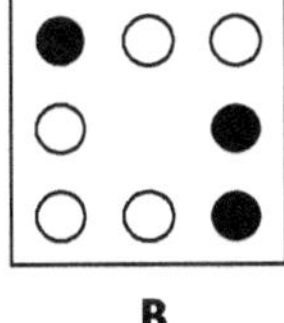 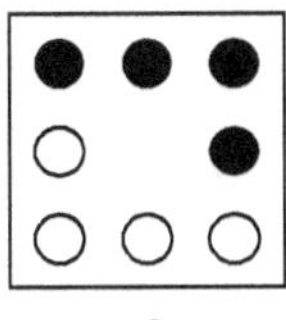 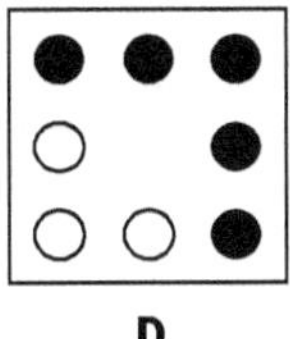 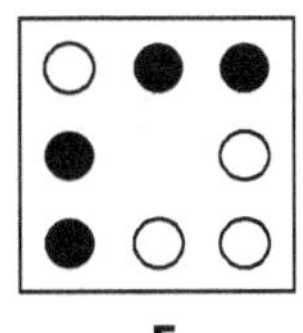

    A   B   C   D   E

6   

Voici trois vues d'un même cube. Quel symbole se trouve sur la face opposée à celle comportant le signe ✱ ?

(7) Quel est l'intrus ?

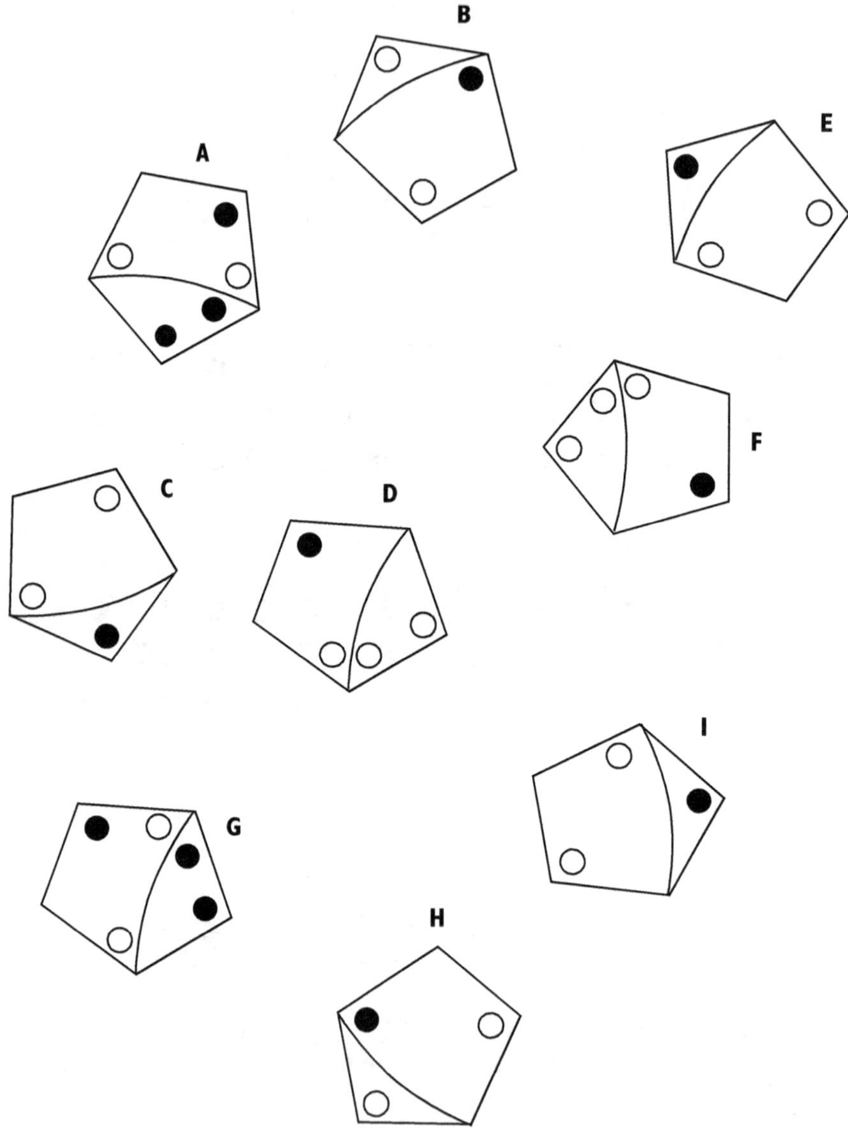

8

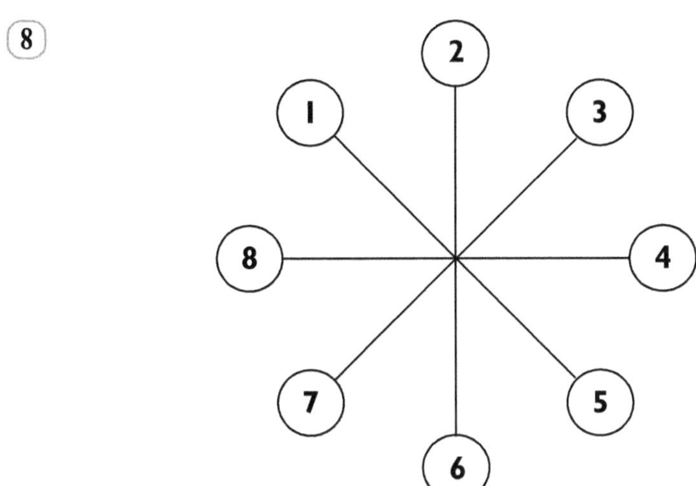

Quel nombre est directement opposé au nombre situé à deux places dans le sens des aiguilles d'une montre du nombre directement opposé au nombre situé à trois places du nombre 4 dans le sens inverse des aiguilles d'une montre ?

9 Quel hexagone se cache derrière le point d'interrogation ?

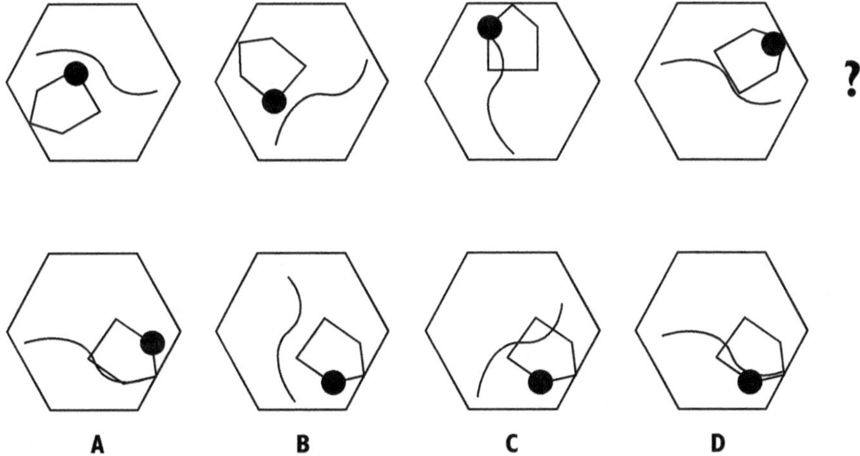

10

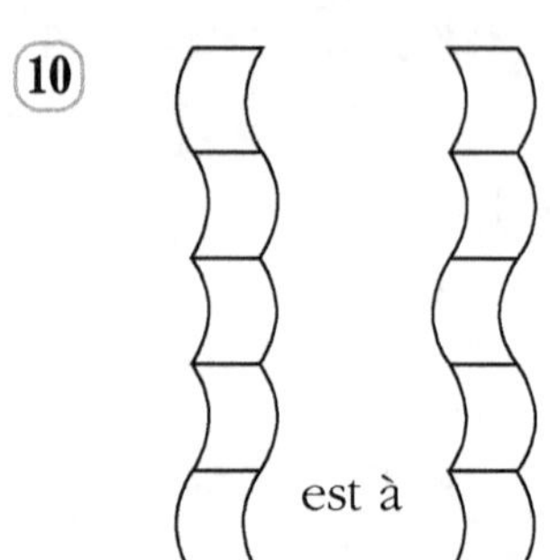

est à

ce que

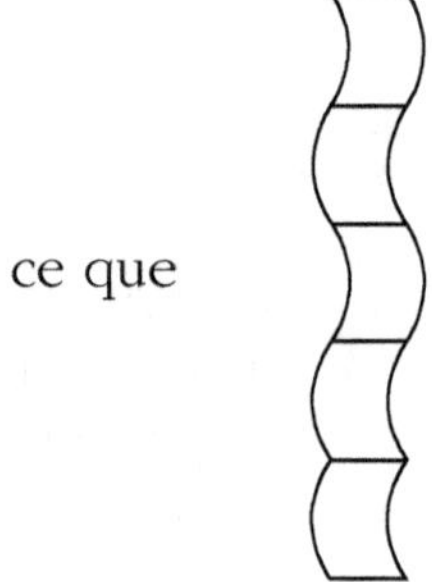

est à :

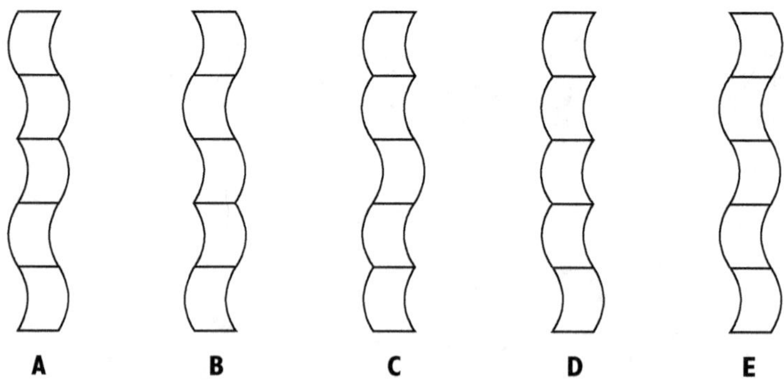

A   B   C   D   E

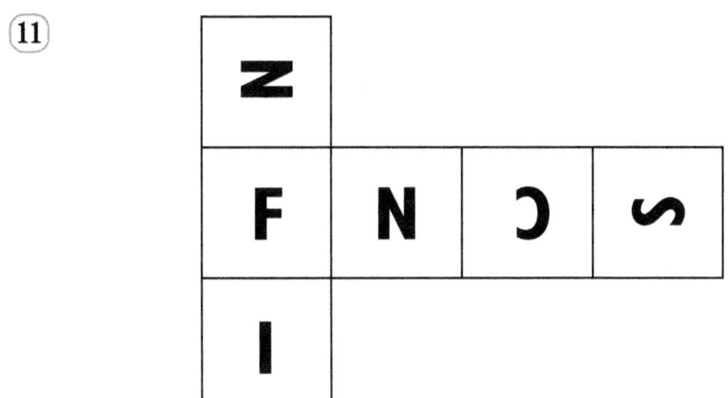

Si la figure ci-dessus est repliée pour former un cube, seul un des cubes suivants peut être constitué. Lequel ?

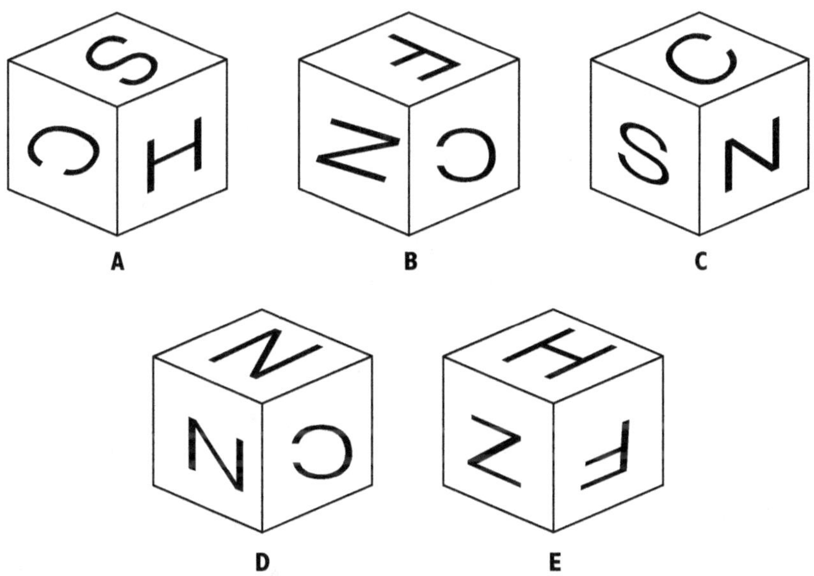

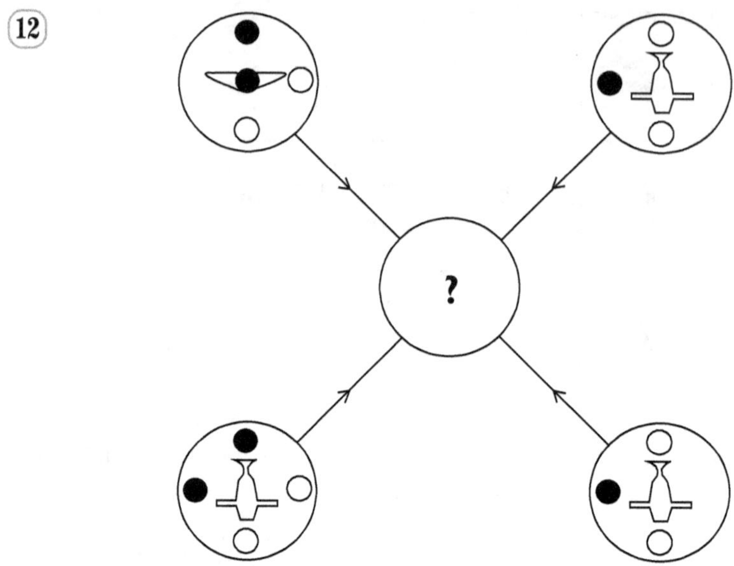

Chaque ligne et chaque symbole apparaissant dans les quatre cercles extérieurs ci-dessus doit être transféré dans le cercle central en respectant les règles suivantes :

si une ligne ou un symbole apparaît dans les cercles extérieurs

une fois	il est transféré
deux fois	il peut être transféré
trois fois	il est transféré
quatre fois	il n'est pas transféré

Quel cercle parmi les cercles A, B, C, D ou E ci-dessous devrait être au centre du diagramme ci-dessus ?

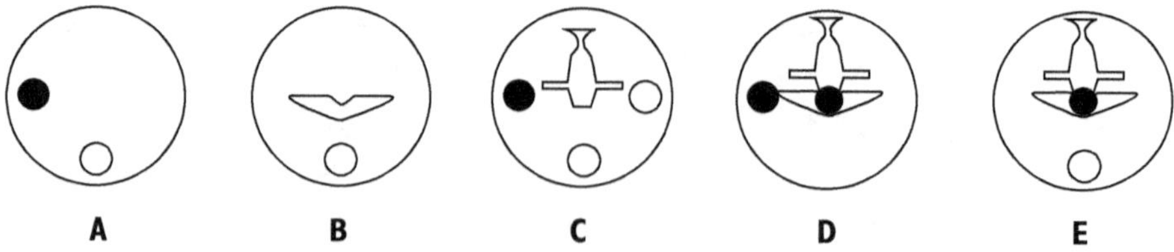

102

13 Chaque case est la somme des cases sur lesquelles elle repose. Pouvez-vous déterminer toutes les valeurs qui manquent ?

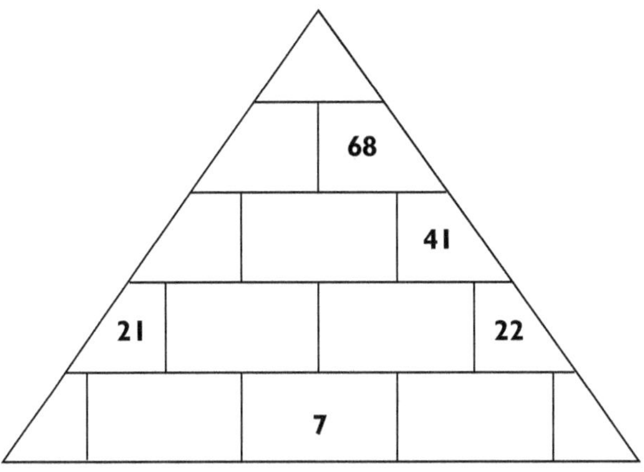

14 Quel haltère est l'intrus ?

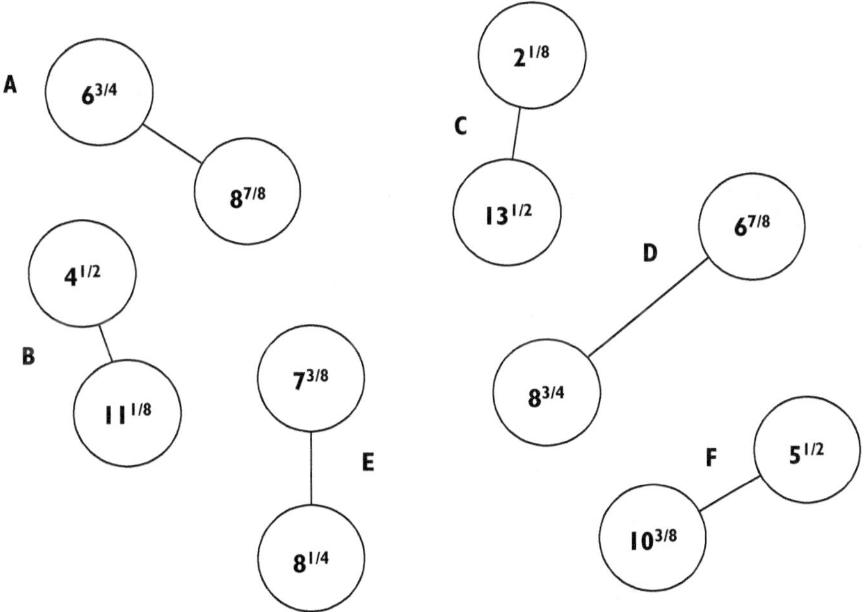

15 Combien y a-t-il de triangles dans ce diagramme ?

16 Quel nombre se cache derrière le point d'interrogation ?

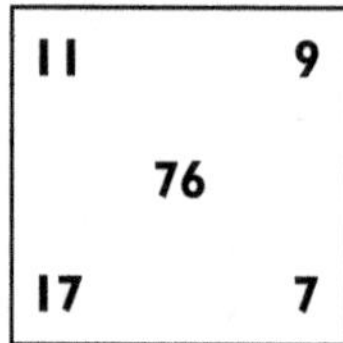

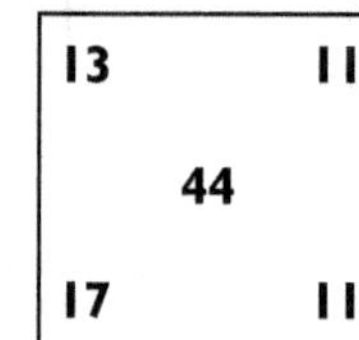

11	9
76	
17	7

13	11
44	
17	11

27	31
?	
14	8

17 Cinq suspects sont interrogés. Lors de leur déclaration respective, trois d'entre eux ont dit la vérité. Qui est le meurtrier ?

Arthur a dit : « Didier est le meurtrier. »

Pierre a dit : « Je suis innocent. »

Charles a dit : « Ce n'était pas Édouard. »

Didier a dit : « Arthur ment. »

Édouard a dit : « Pierre dit la vérité. »

18 Dans le tableau suivant, trouvez les quatre nombres dont la somme fait 500 !

34	225	46	97
119	26	21	2
71	88	16	76
112	179	80	80

19 Quel est l'intrus ?

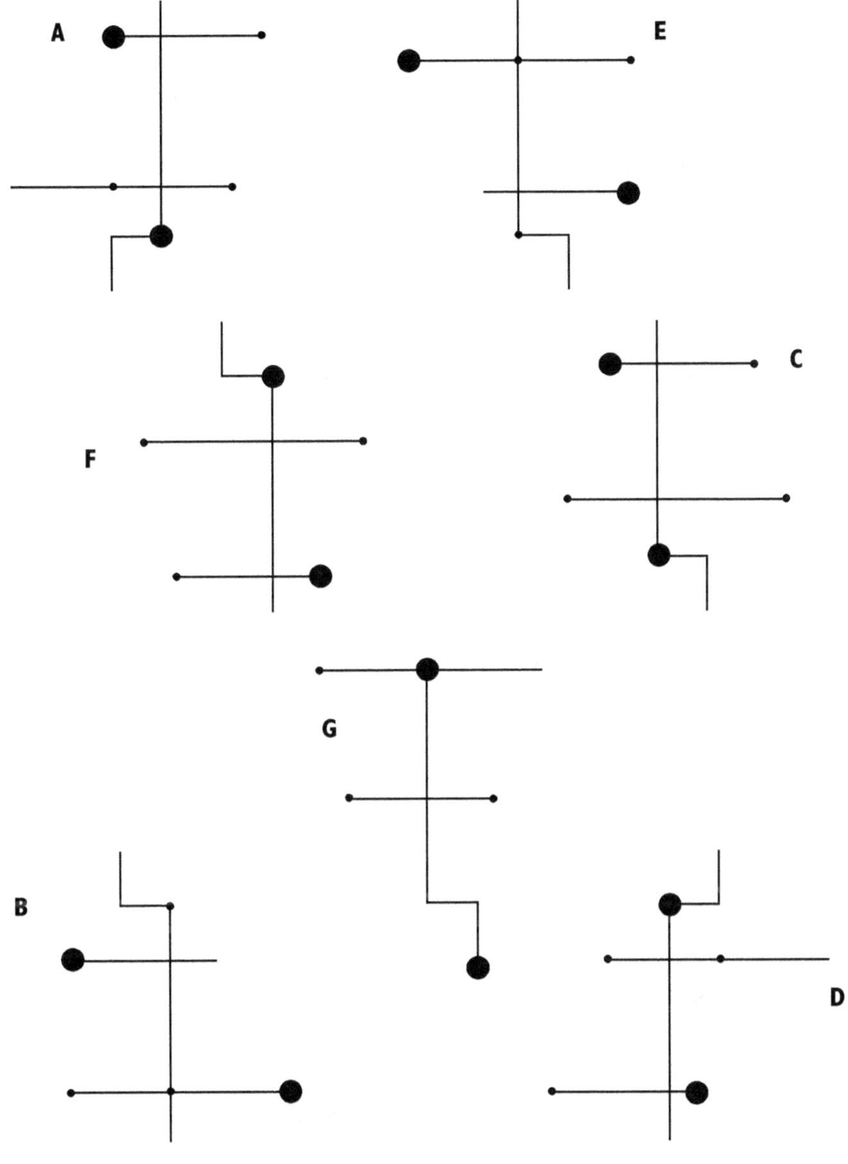

20 Les cinq premiers tireurs, – A, B, C, D et E – ont réussi en moyenne 40 coups (40 points) chacun. D a réussi 12 coups. A est celui qui a obtenu le meilleur score. B et D ont réussi à eux deux 28 coups. C et E ont réussi à eux deux 72 coups. C a fait 10 points de plus que E. D a quatre points de moins que B. B, C et D totalisent à eux trois 69 points.

Combien de coups chacun des tireurs a-t-il réussi ?

(1)

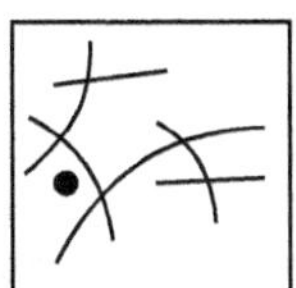

À quel carré ci-dessous un point peut-il être ajouté de sorte qu'il respecte les mêmes règles que le carré ci-dessus ?

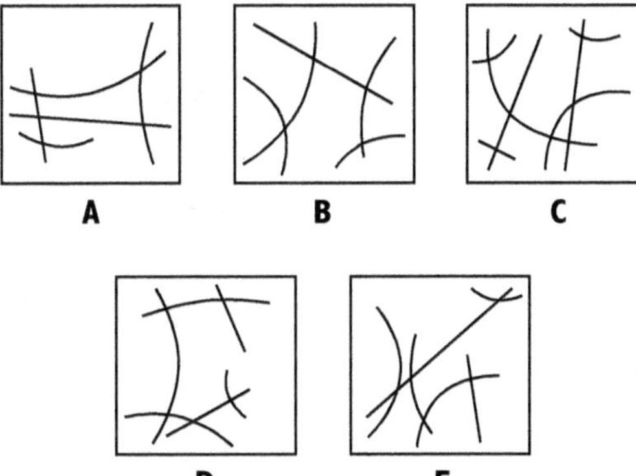

2 Quel cercle se cache derrière le point d'interrogation ?

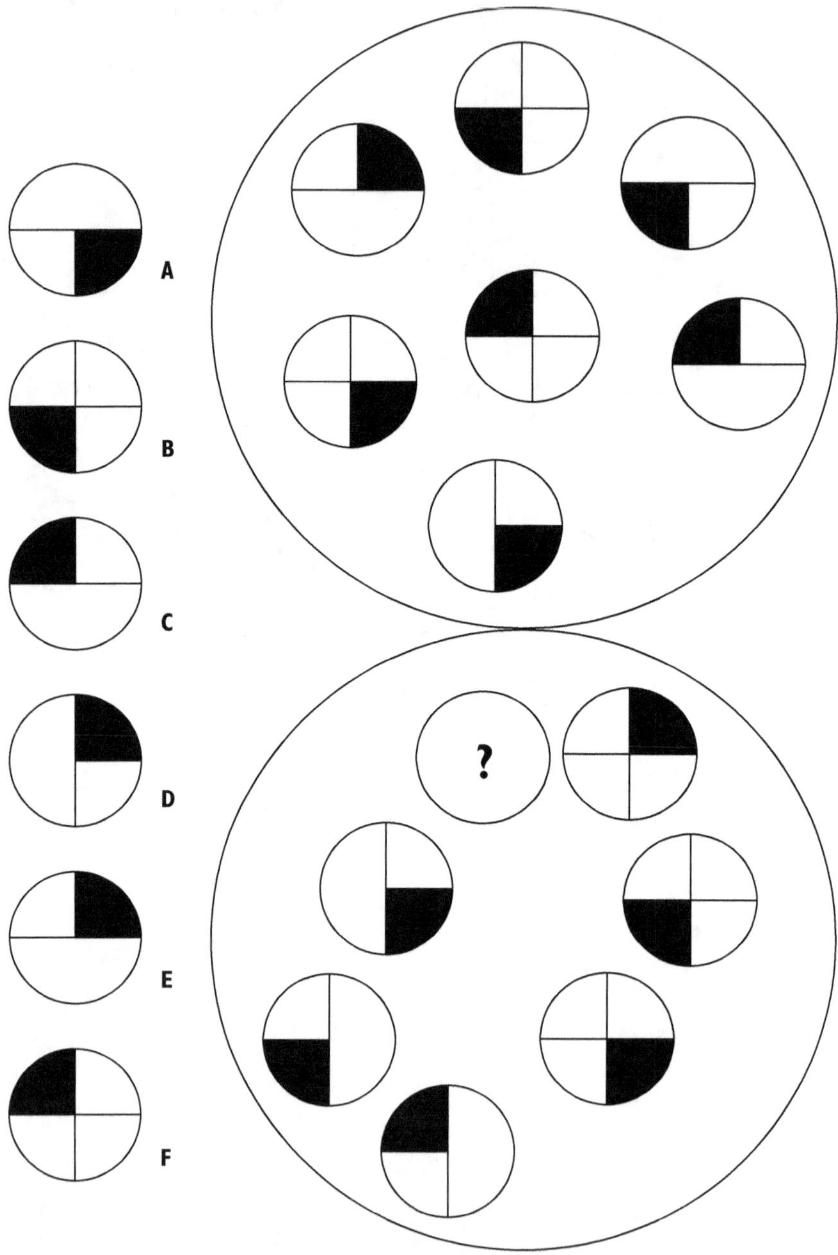

3 Si un homme et demi construisent un mur et demi en un jour et demi, combien de murs construiront six hommes en six jours ?

4

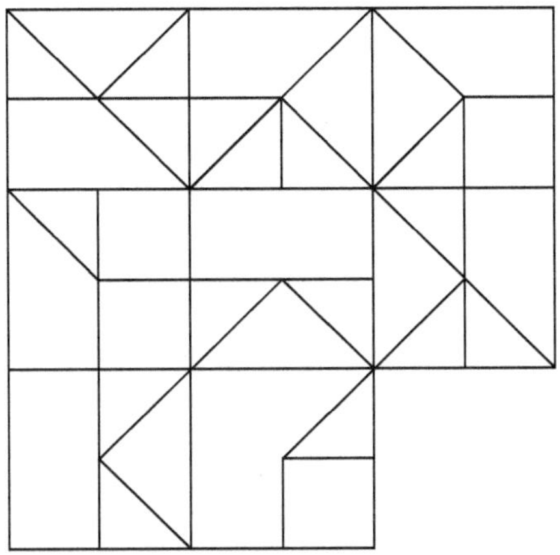

Quel est le carré manquant ?

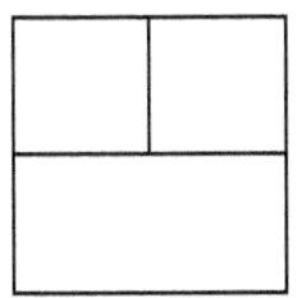

A

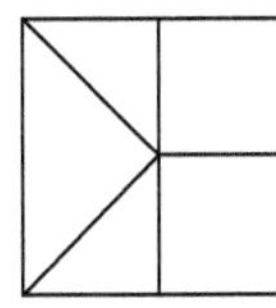

B **C**

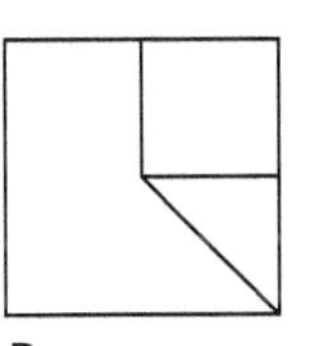

D

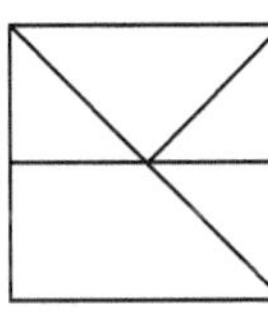

E **F**

5 Combien de cercles contiennent un point noir ?

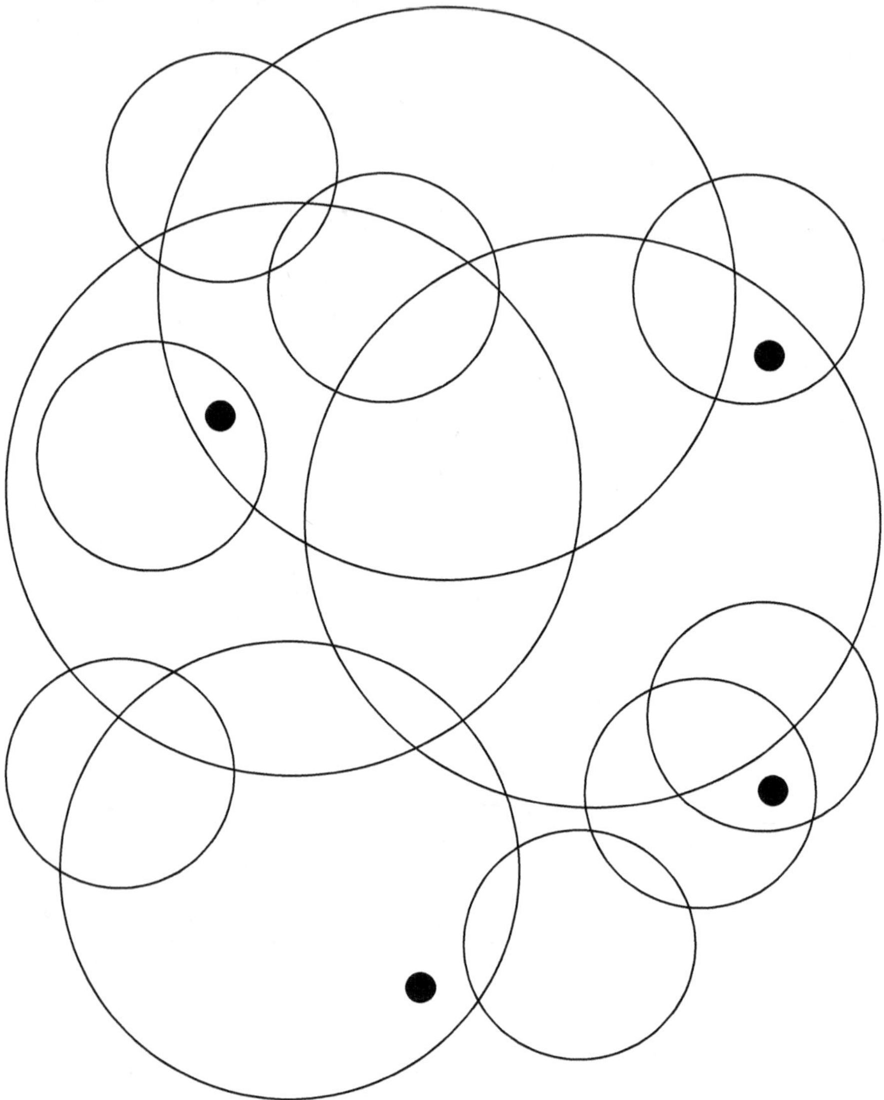

6

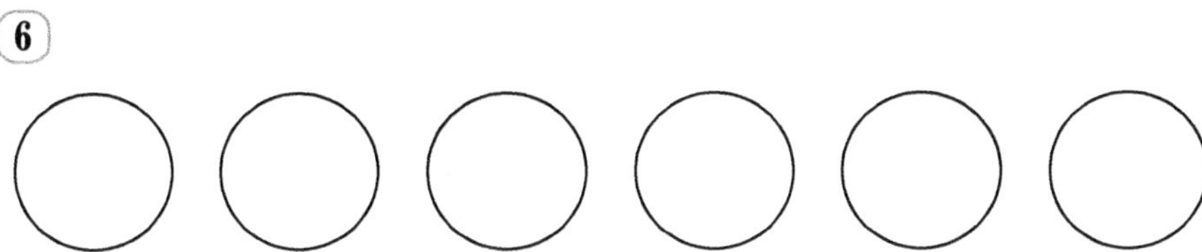

Ordonnez les chiffres de 1 à 6 dans les cercles ci-dessus, de sorte que :

La somme des cercles contenant le 1 et le 2 et des cercles situés entre eux fasse 8.

La somme des cercles contenant le 2 et le 3 et des cercles situés entre eux fasse 11.

La somme des cercles contenant le 3 et le 4 et des cercles situés entre eux fasse 21.

La somme des cercles contenant le 4 et le 5 et des cercles situés entre eux fasse 17.

7

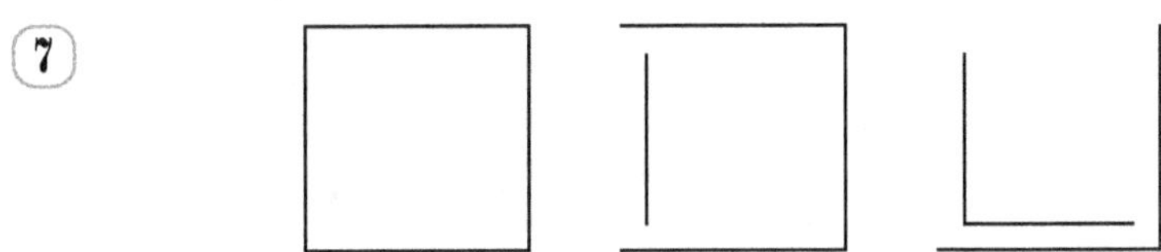

Quelle figure continue la séquence ?

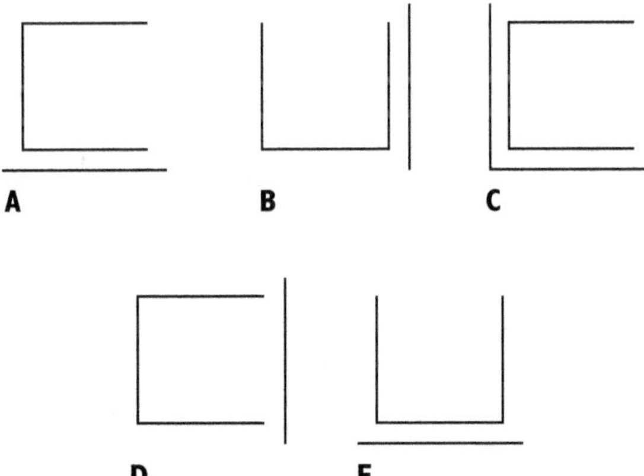

(8)

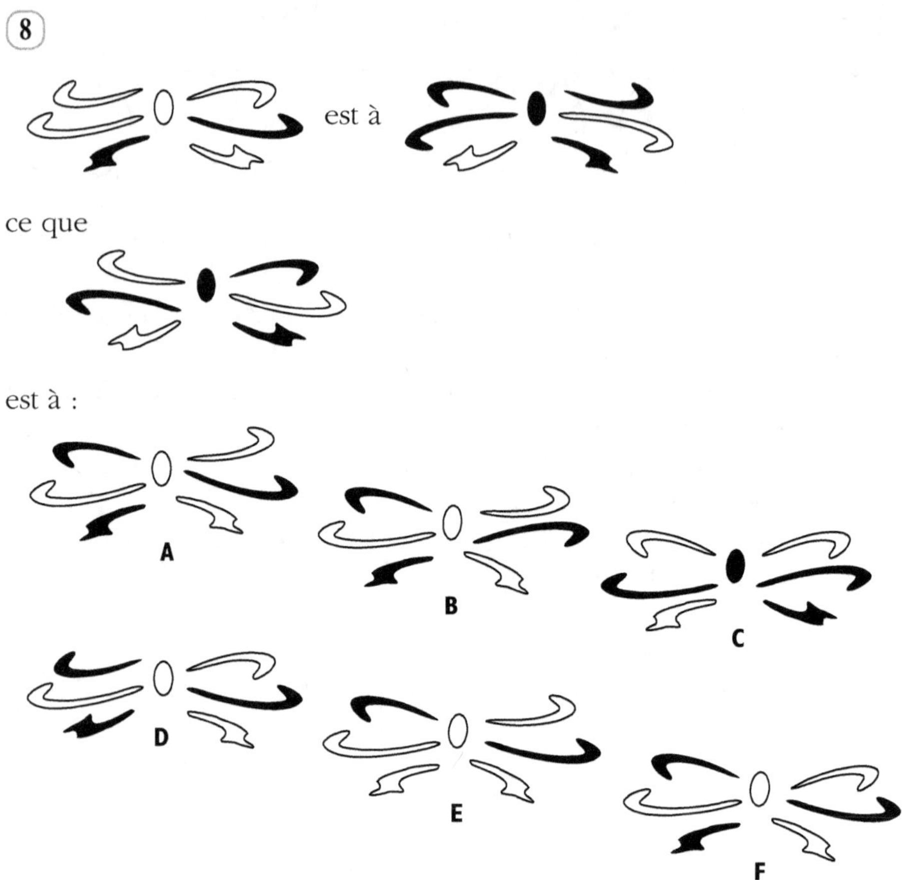

est à

ce que

est à :

(9) Un homme a 53 chaussettes dans son tiroir, 29 bleues, 17 rouges et 7 noires. Il n'a plus d'électricité et il est complètement dans le noir. Combien de chaussettes doit-il prendre pour être sûr à 100 % qu'il aura une paire de chaque couleur ?

10

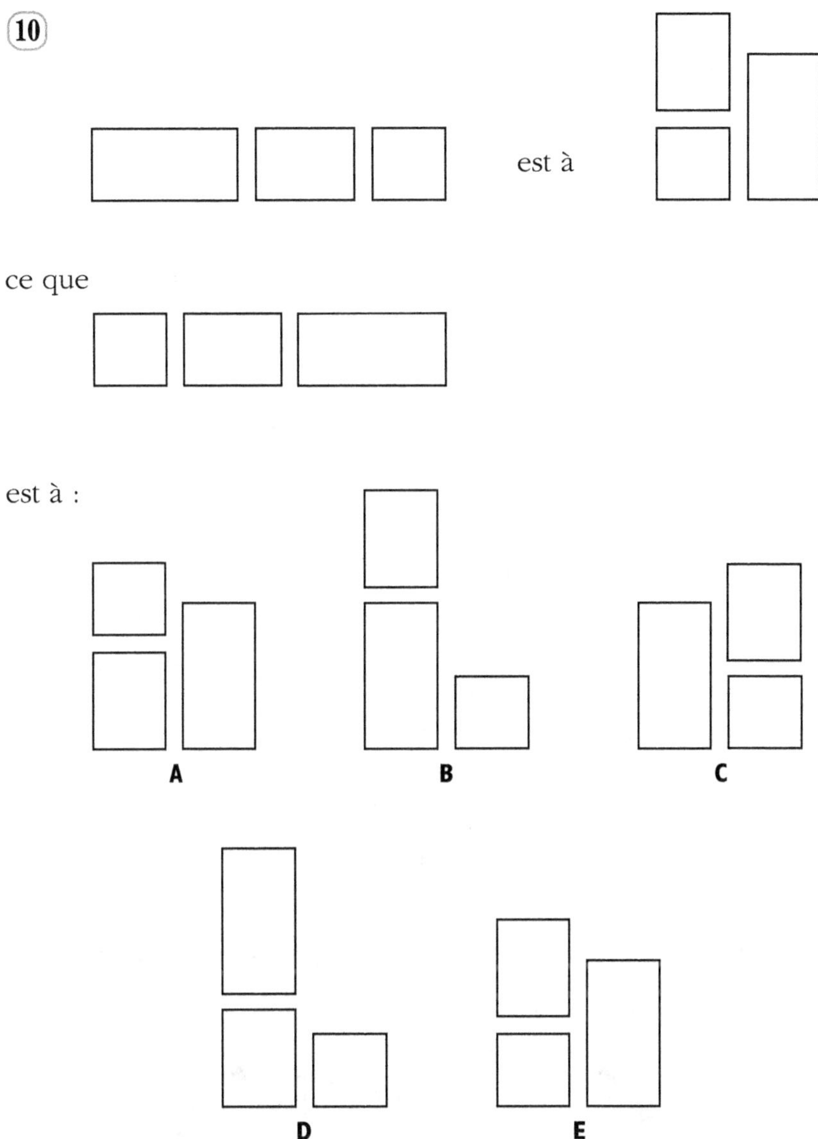

est à

ce que

est à :

A   B   C

D   E

(11)

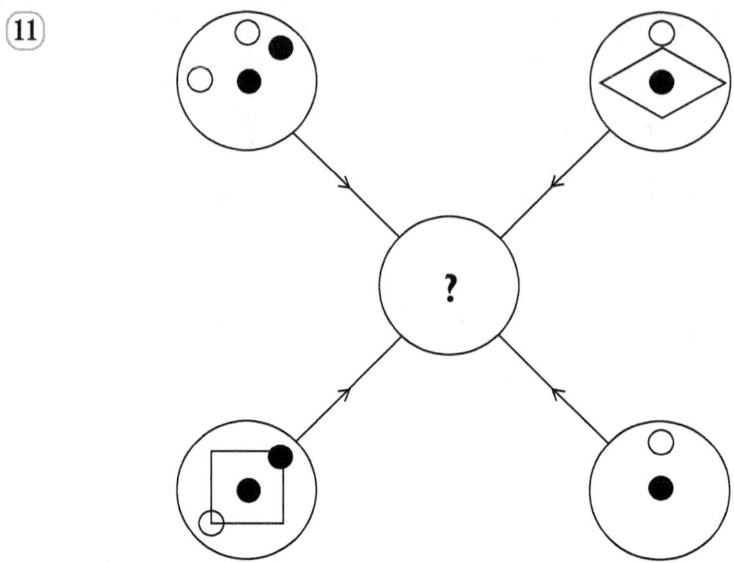

Chaque ligne et chaque symbole apparaissant dans les quatre cercles extérieurs ci-dessus doit être transféré dans le cercle central en respectant les règles suivantes :

si une ligne ou un symbole apparaît dans les cercles extérieurs

une fois	il est transféré
deux fois	il peut être transféré
trois fois	il est transféré
quatre fois	il n'est pas transféré

Quel cercle parmi les cercles A, B, C, D ou E ci-dessous devrait être au centre du diagramme ci-dessus ?

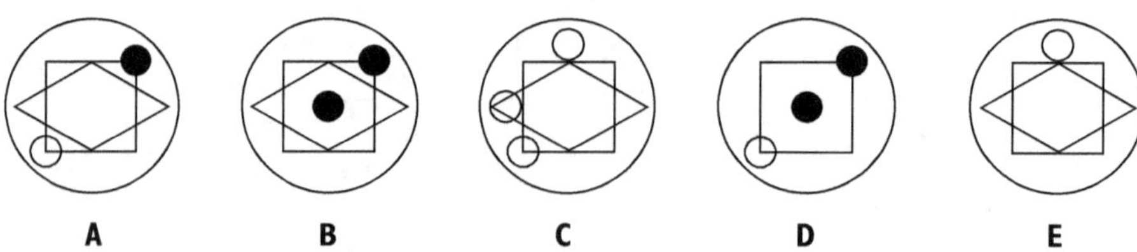

114

12 Quel nombre se cache derrière le point d'interrogation ?

16   39   85   177   361   **?**

13

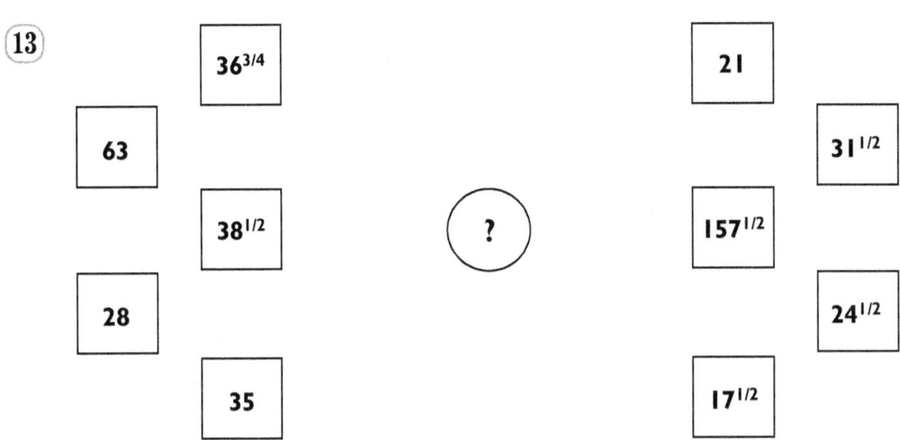

Trouvez le plus petit nombre qui divise exactement chacun des nombres situés de part et d'autre, puis placez-le dans le cercle central. La réponse est supérieure à 1 et n'est pas un nombre entier.

14 Laquelle des propositions ci-dessous n'est pas égale à 85 ?

A $\dfrac{18}{9} \div \dfrac{8}{330}$

B $6^2 + 7^2$

C   1010101 (langage binaire)

D   LXXXV (chiffres romains)

E $\dfrac{2\,295}{27}$

15 Quel nombre se cache derrière le point d'interrogation ?

56   67   80   88   104   **?**

16 Laquelle de ces opérations n'est pas égale à 512 ?

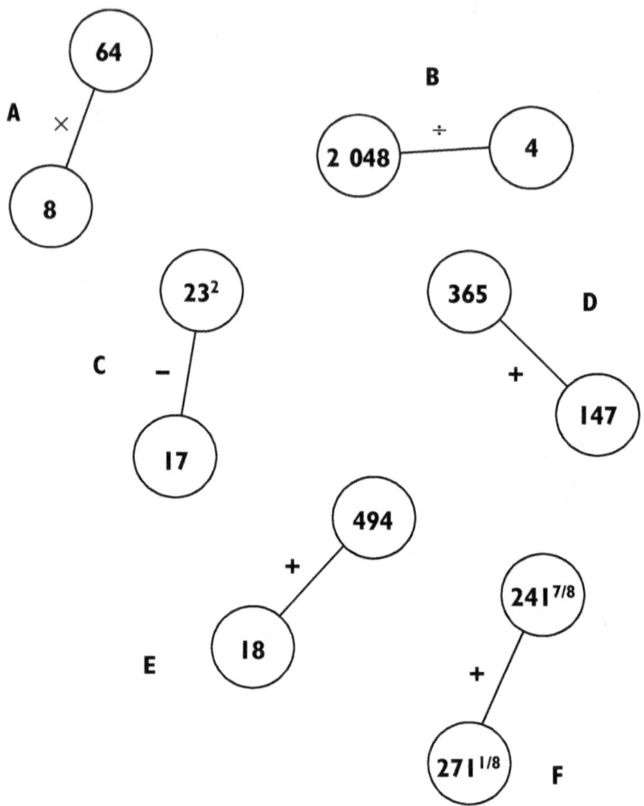

17 Commencez dans un coin du carré et avancez selon une spirale pour déterminer le nombre qui se cache derrière le point d'interrogation ?

40	45	35	40	30
50	75	80	70	75
45	85	90	95	65
55	80	90	?	70
50	60	55	65	60

18 Pouvez-vous déterminer la valeur de chacun des quatre symboles ?

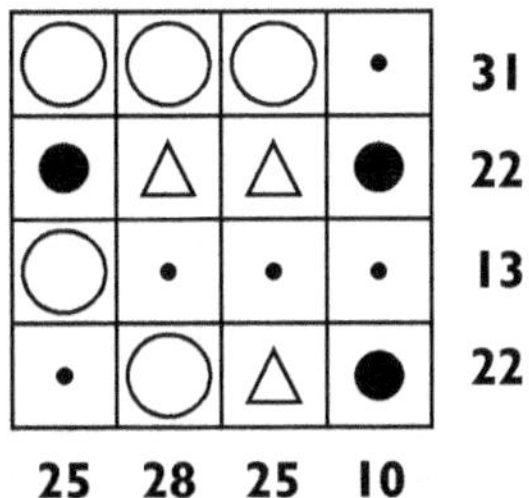

19 Quel hexagone se cache derrière le point d'interrogation ?

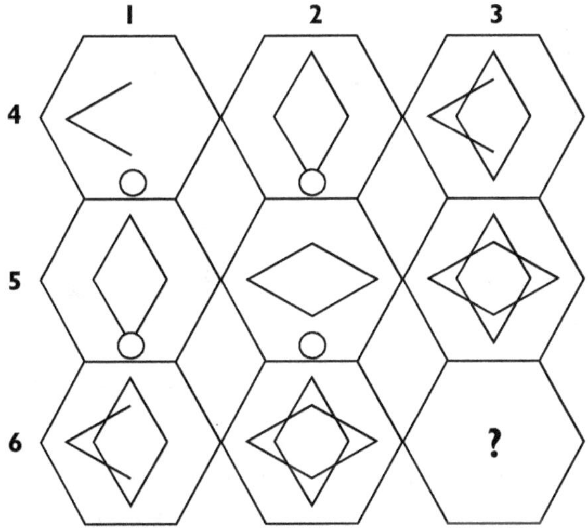

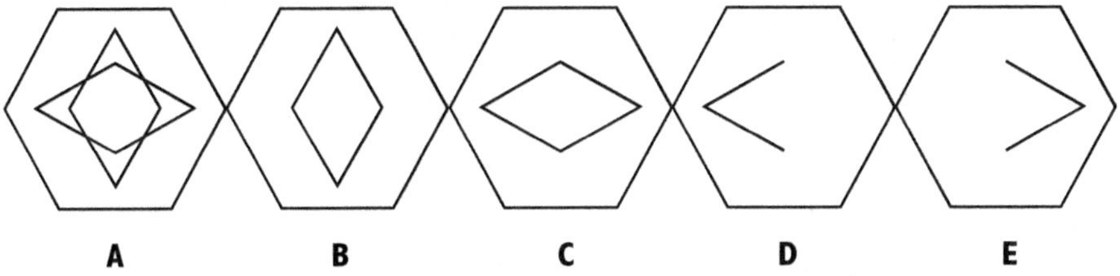

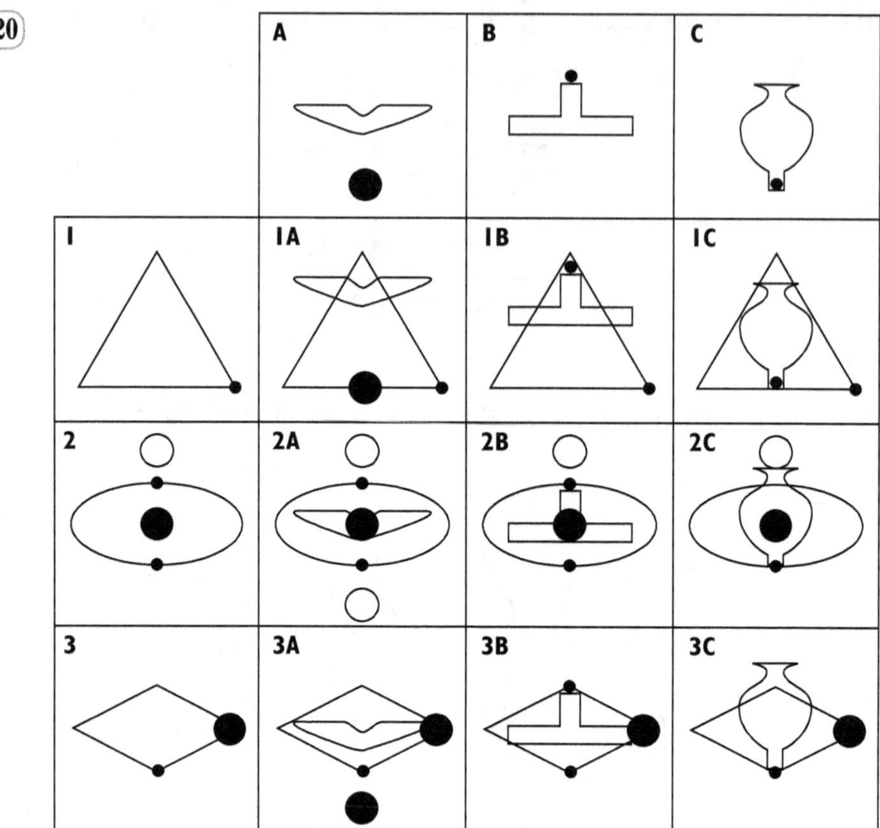

Chacun des neufs carrés de la grille numérotés de 1A à 3C doit contenir toutes les lignes et tous les symboles qui apparaissent dans les deux carrés réciproquement situés en début de ligne et en haut de colonne.

Par exemple, 2B doit contenir toutes les lignes et tous les symboles qui apparaissent dans le carré 2 et dans le carré B.

Un des carrés ne suit pas cette règle. Lequel ?

(1)

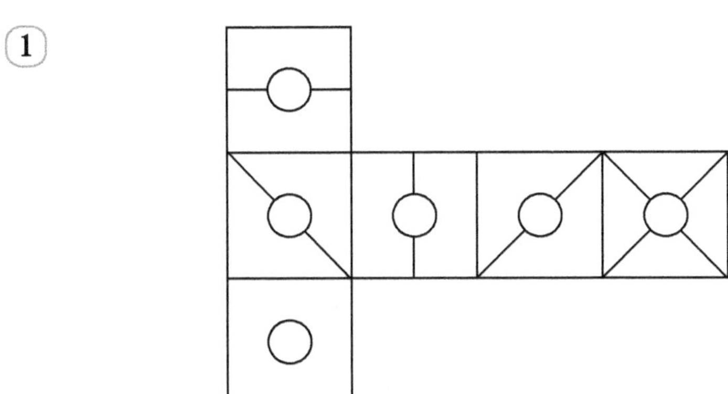

Si la figure ci-dessus est repliée pour former un cube, seul un des cubes suivants peut être constitué. Lequel ?

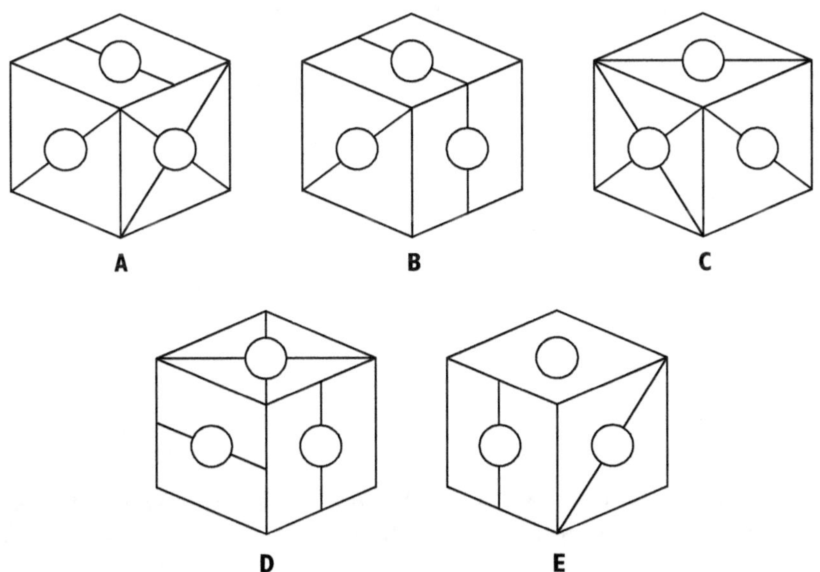

②

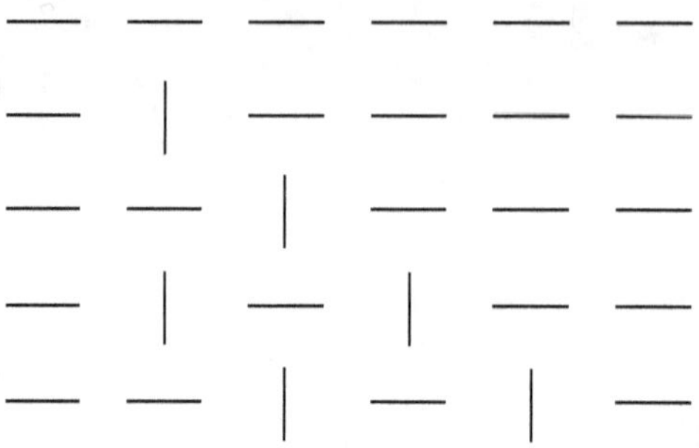

Quelle ligne suit cette séquence ?

A

B

C

D

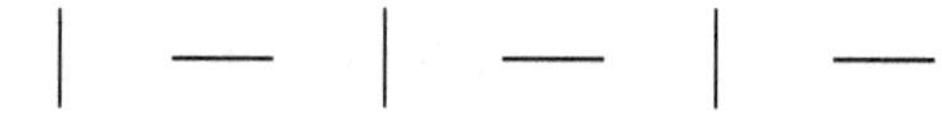

E

F

③ Dimanche
Lundi
Mardi
Mercredi
Jeudi
Vendredi
Samedi

Quel est le jour qui vient juste avant le jour qui vient deux jours
après le jour qui vient quatre jours avant le jour qui suit le jeudi ?

4

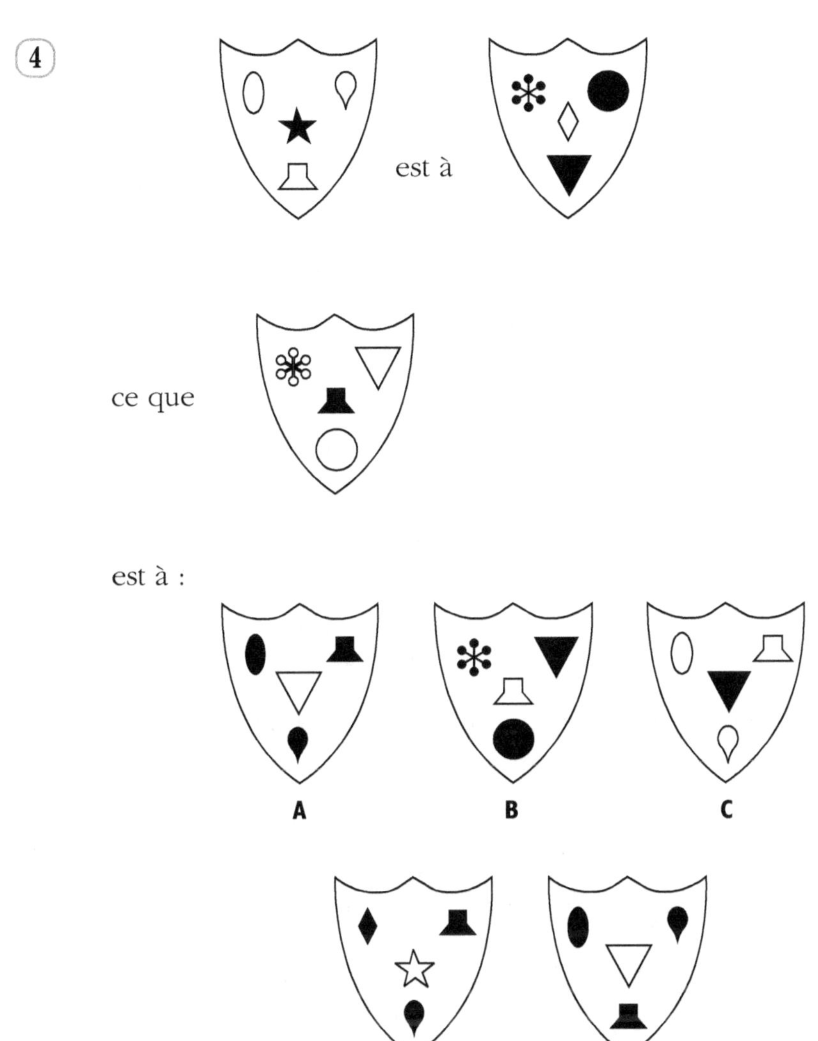

est à

ce que

est à :

A   B   C

D   E

(5)

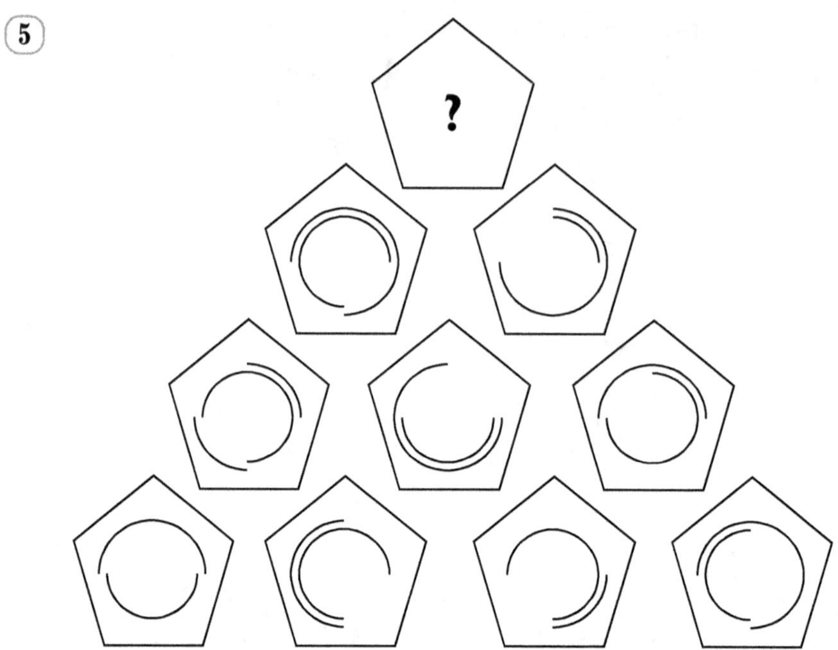

Quel pentagone se cache derrière le point d'interrogation ?

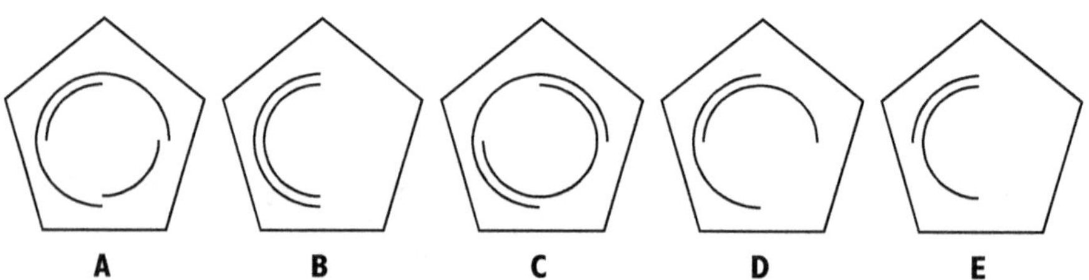

A   B   C   D   E

6 Quelles sont les figures qui, une fois associées, forment un cercle parfait ?

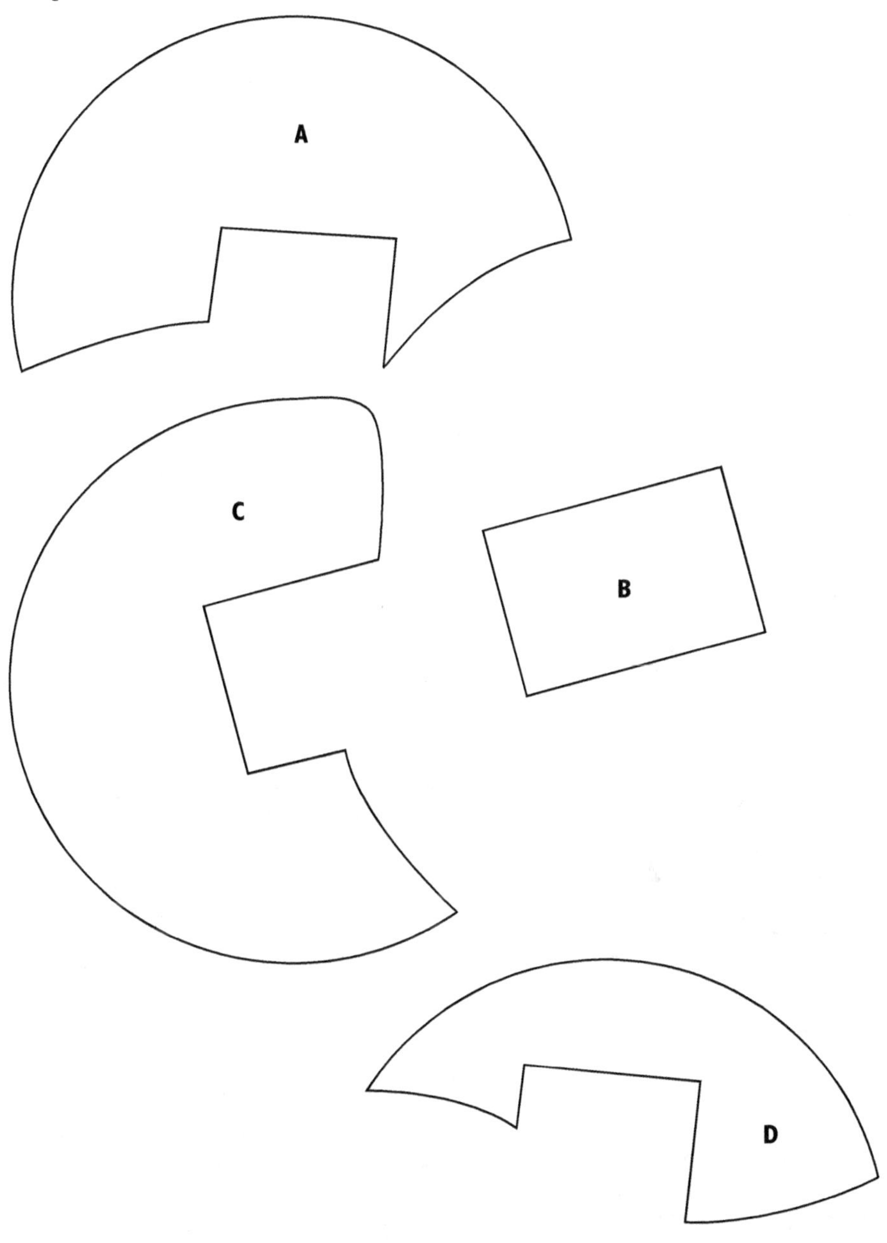

7 Quel nombre se cache derrière le point d'interrogation ?

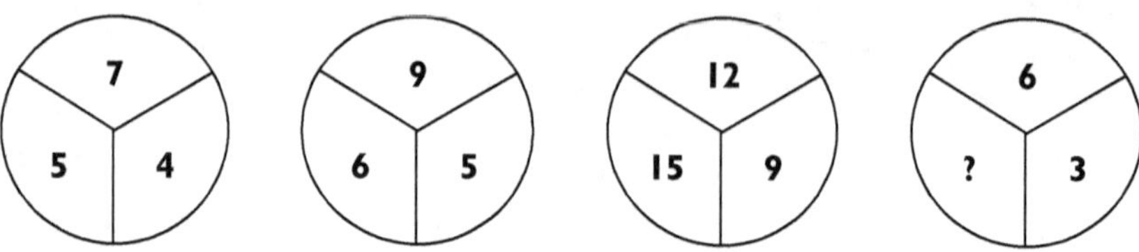

8

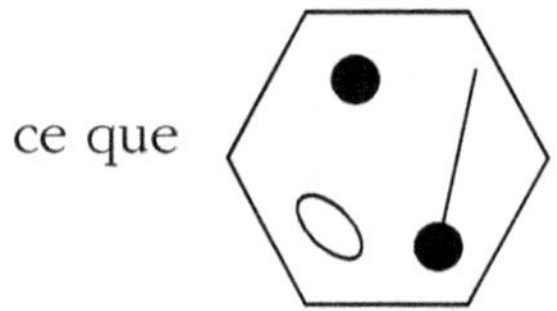

est à

ce que

est à :

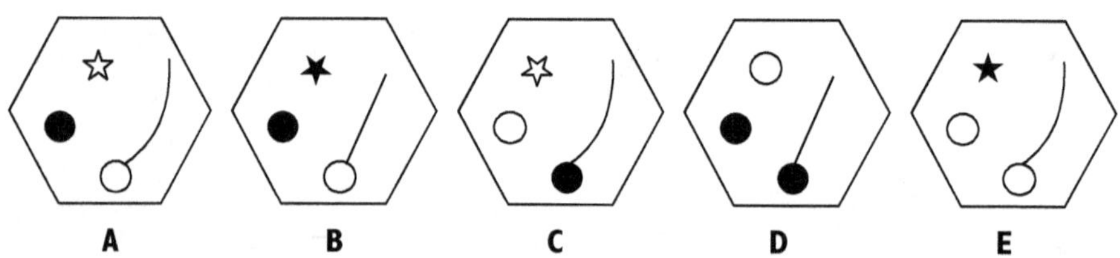

A   B   C   D   E

⑨

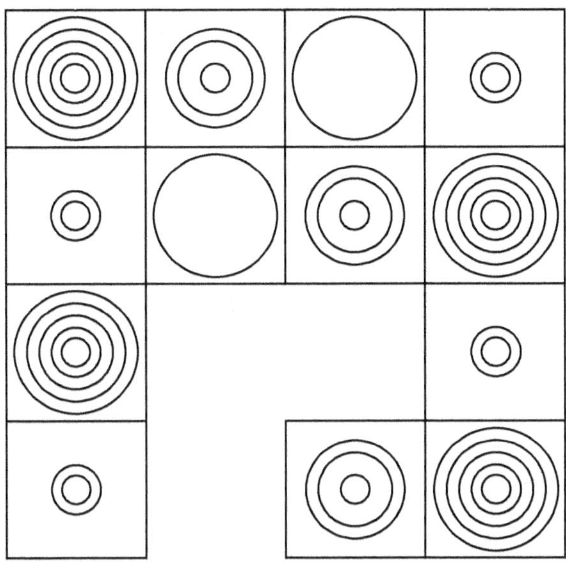

Quelles sont les cases manquantes ?

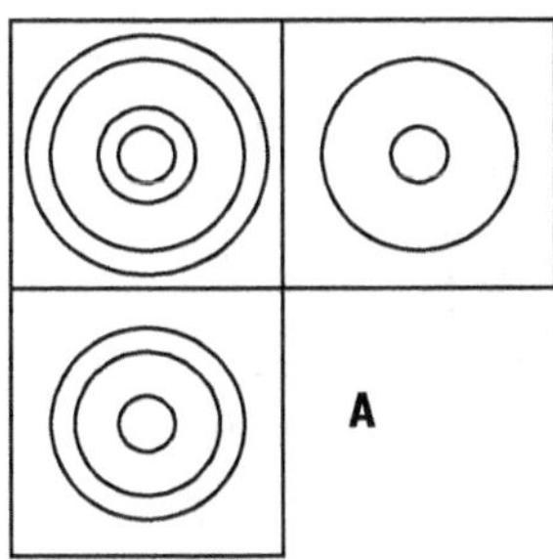

A

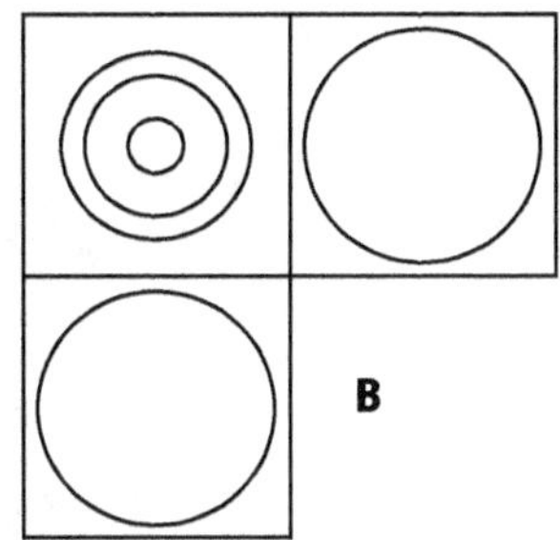

B

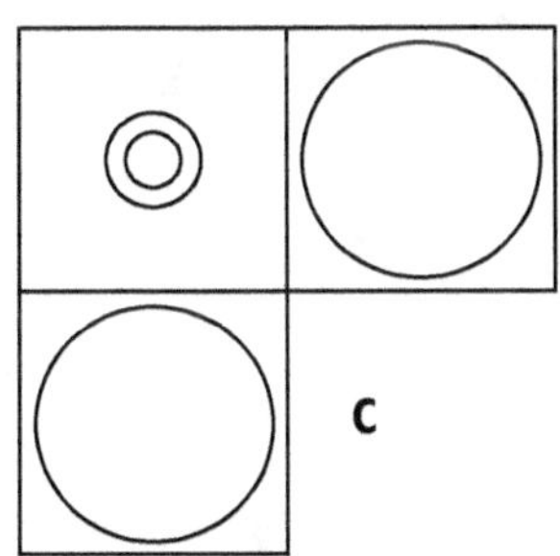

C

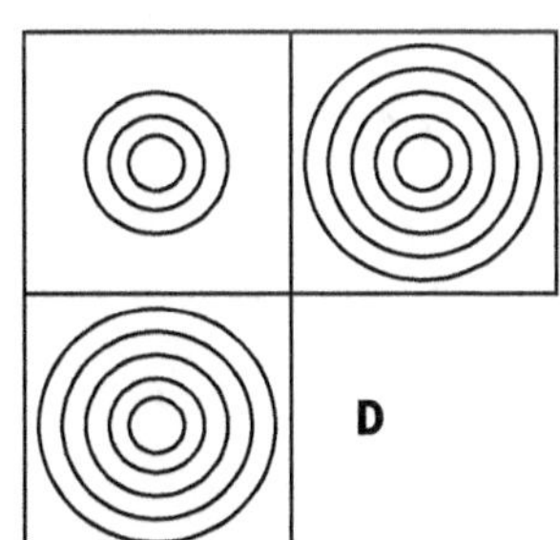

D

10 Quel nombre se cache derrière le point d'interrogation ?

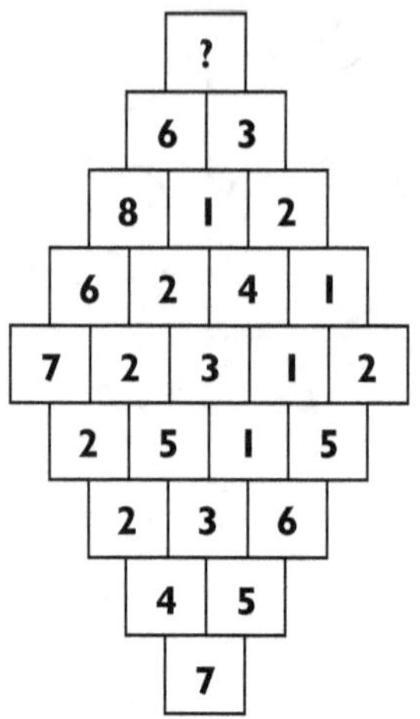

11

Quel hexagone se cache derrière le point d'interrogation ?

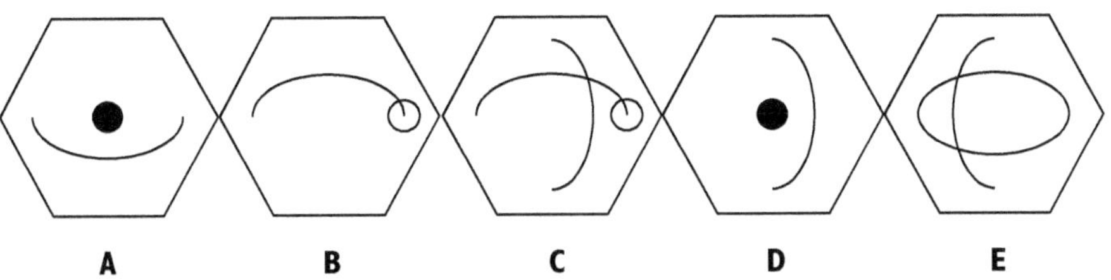

12 L'âge de deux amis, une fois additionné, donne le total de 63 ans. L'un deux affirme : «J'ai deux fois l'âge que tu avais quand j'avais l'âge que tu as maintenant. » Trouvez l'âge de chacun d'eux !

13 Quel nombre se cache derrière le point d'interrogation ?

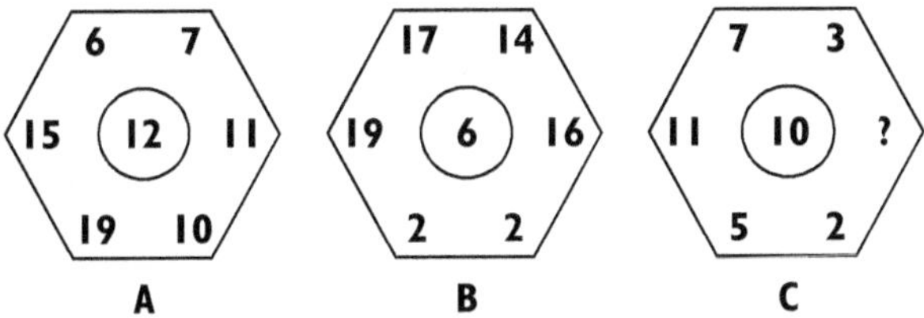

14 Combien de tours le gros engrenage doit-il faire pour que tous les engrenages retrouvent leur position d'origine ?

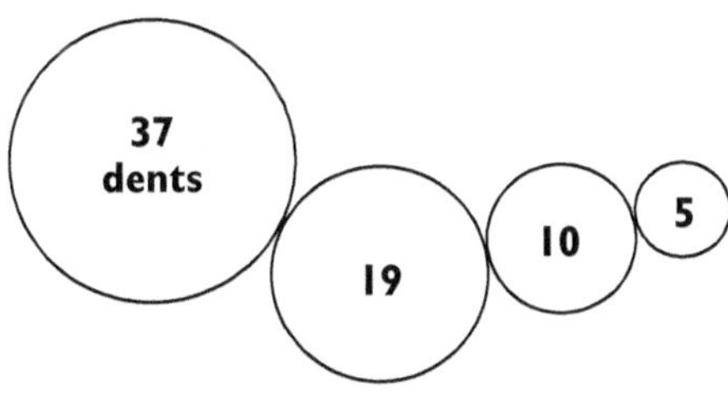

(15) Quel nombre se cache derrière le point d'interrogation ?

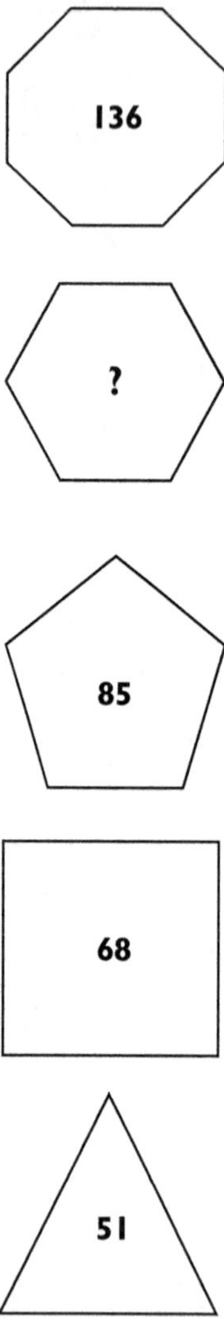

(16) De combien de manières ces trois chiffres peuvent-ils être ordonnés pour donner un nombre à trois chiffres ?

762

17

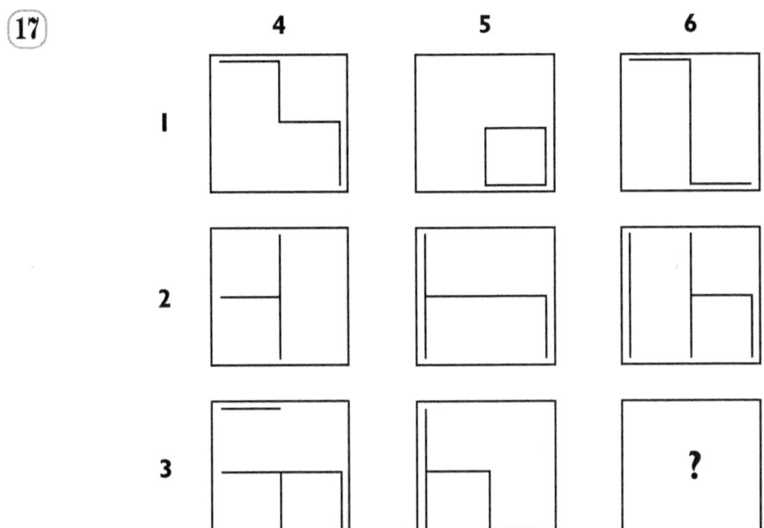

Quel carré se cache derrière le point d'interrogation ?

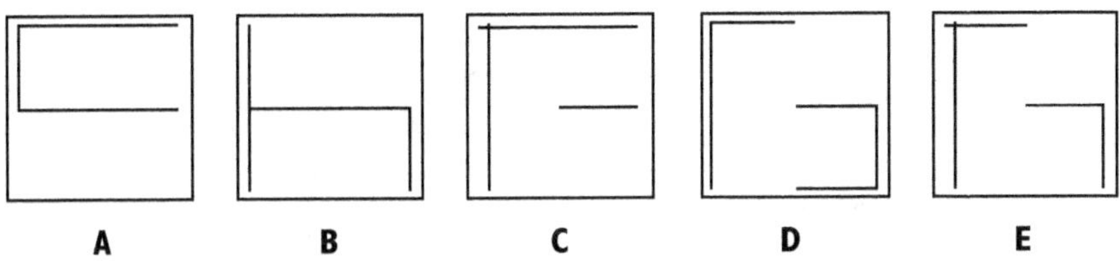

A   **B**   **C**   **D**   **E**

18

Quel nombre se cache derrière le point d'interrogation ?

13 – 73 – 14 – 34 – 74 – 35 – 95 – **?**

(19)

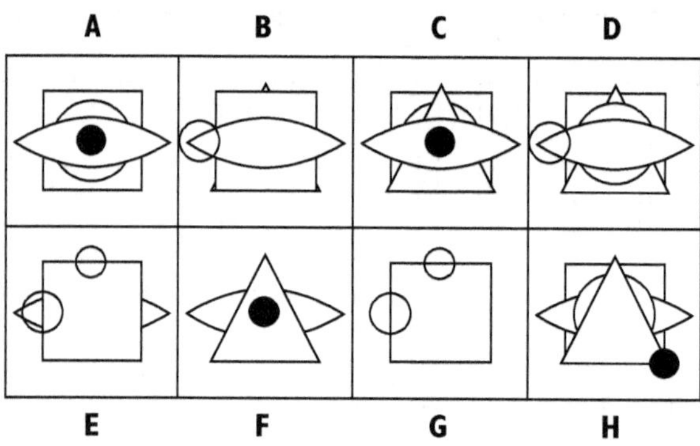

Lequel de ces carrés complèterait logiquement la figure ci-dessus ?

(20) Chacun des neufs carrés de la grille numérotés de 1A à 3C doit contenir toutes les lignes et tous les symboles qui apparaissent dans les deux carrés réciproquement situés en début de ligne et en haut de colonne.

Par exemple, 2B doit contenir toutes les lignes et tous les symboles qui apparaissent dans le carré 2 et dans le carré B.

Un des carrés ne suit pas cette règle. Lequel ?

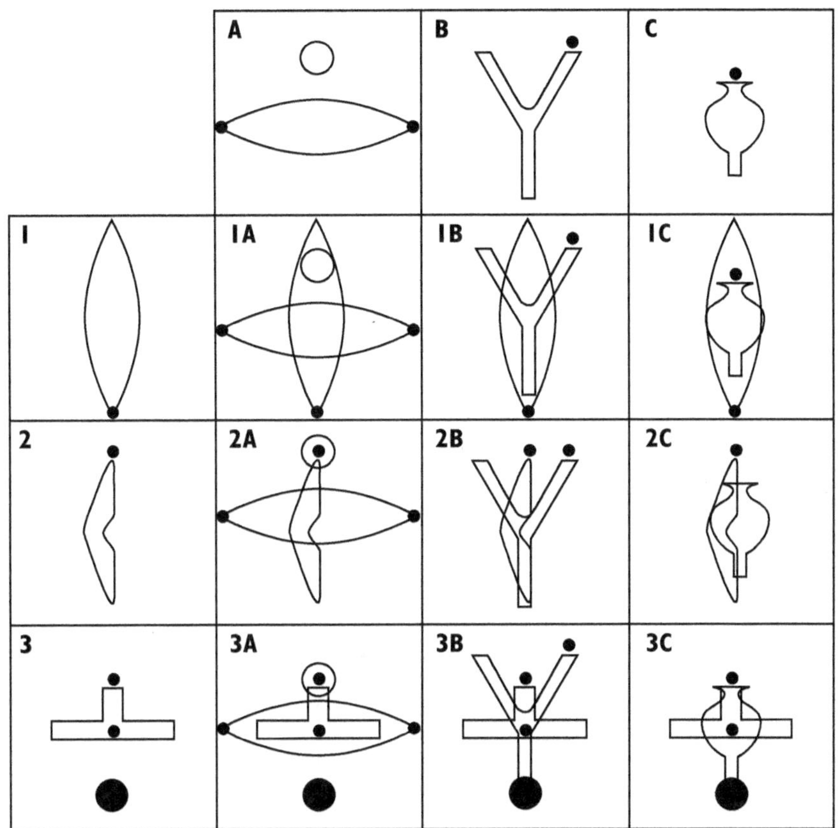

(1)

Quel bouclier se cache derrière le point d'interrogation ?

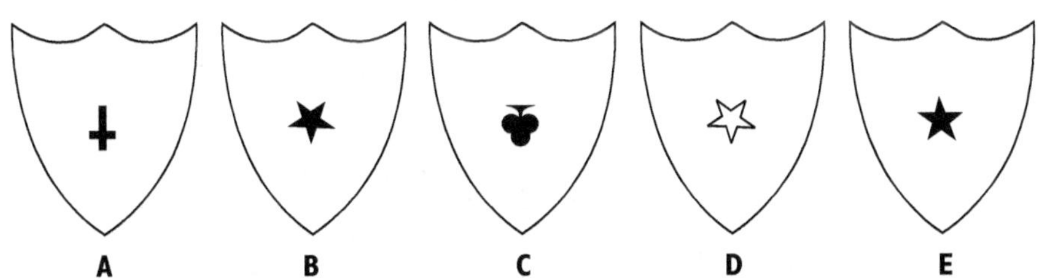

A   B   C   D   E

2 Combien y a-t-il de lignes ci-dessous ?

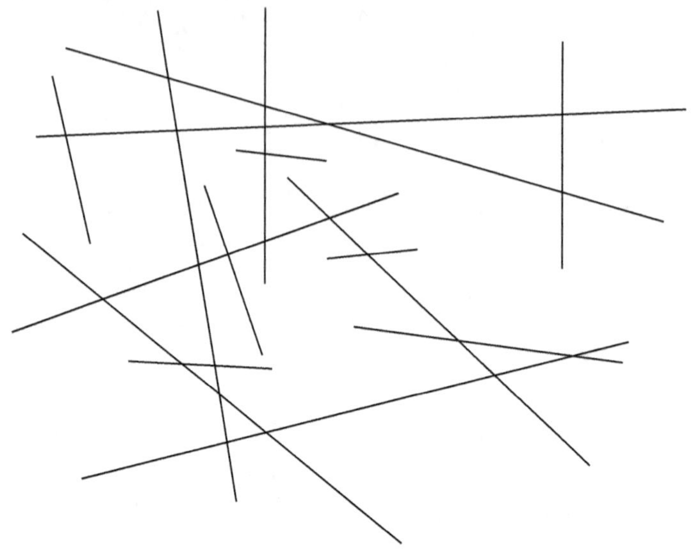

3 Quel nombre se cache derrière le point d'interrogation ?

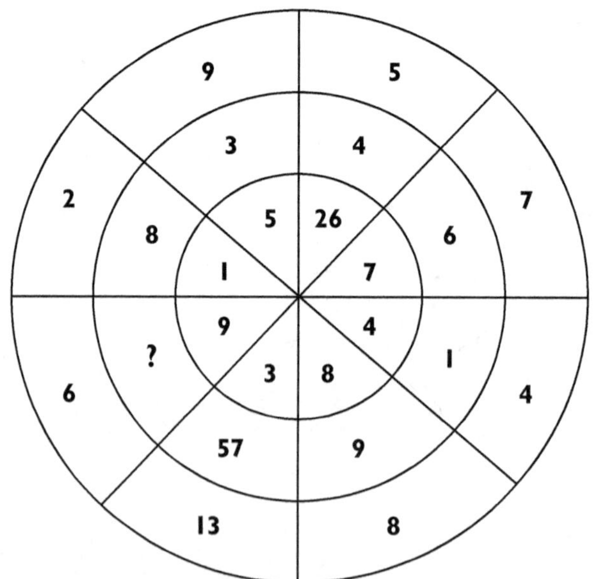

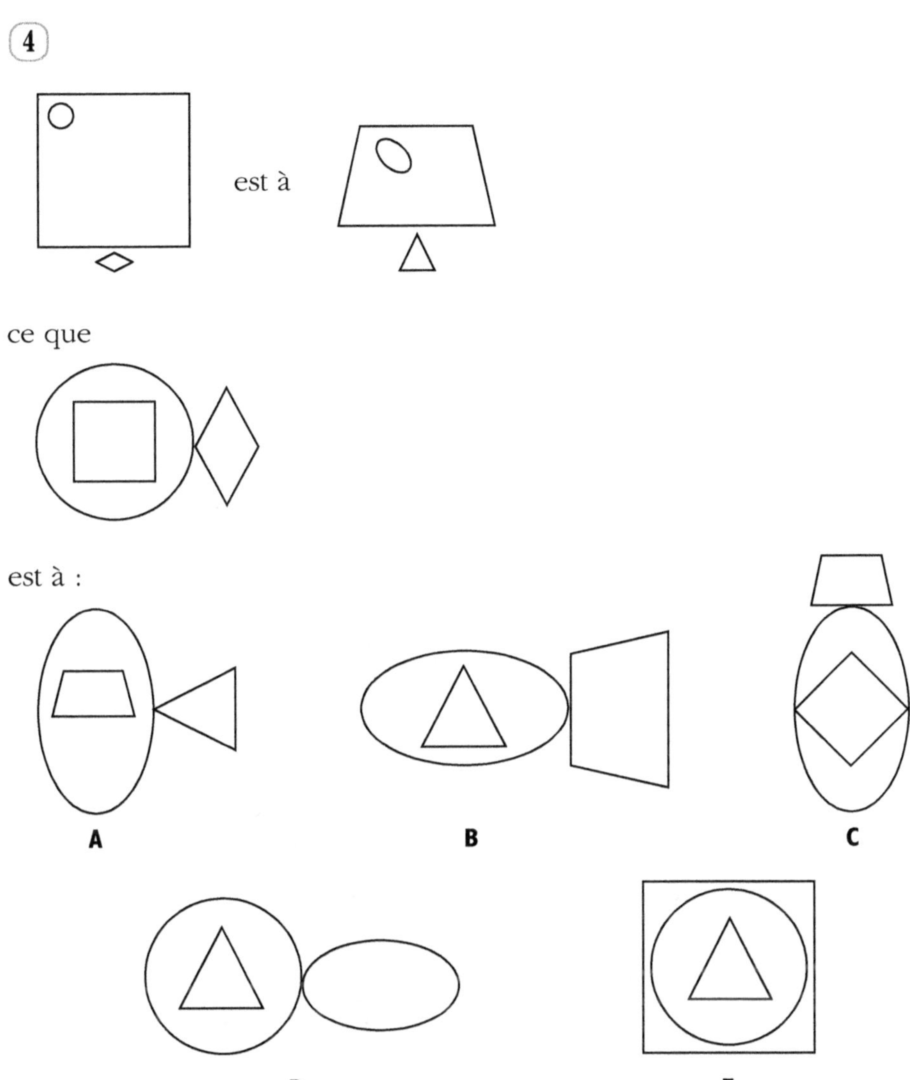
4
est à
ce que
est à :
A
B
C
D
E

5

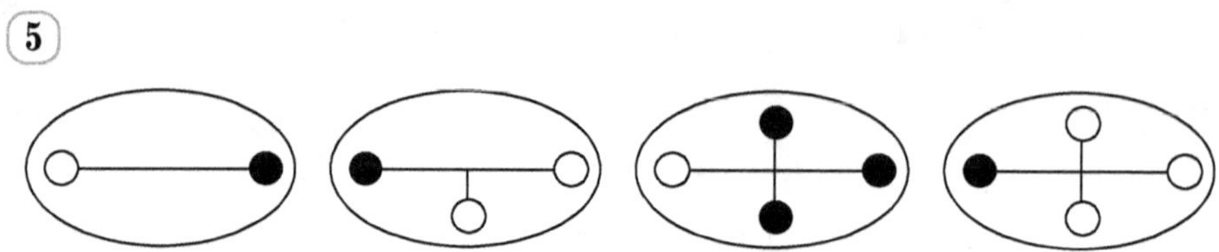

Dessinez l'ellipse qui continue la séquence ci-dessus.

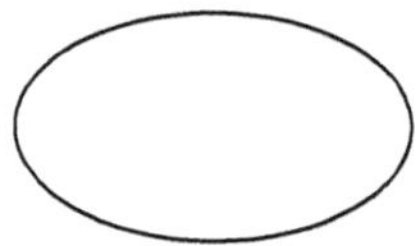

6 Quel nombre se cache derrière le point d'interrogation ?

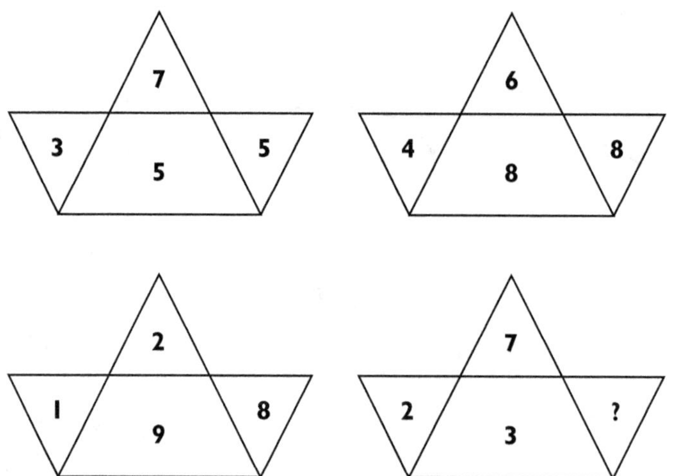

7

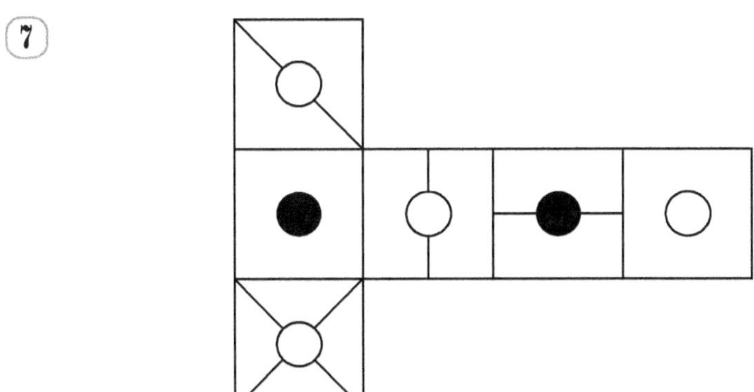

Si la figure ci-dessus est repliée pour former un cube, seul un des cubes suivants peut être constitué. Lequel ?

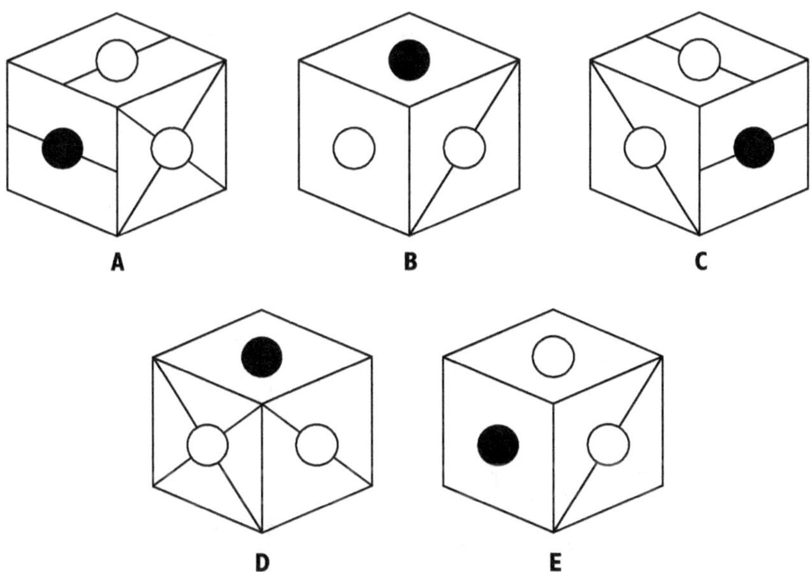

A   B   C

D   E

(8)

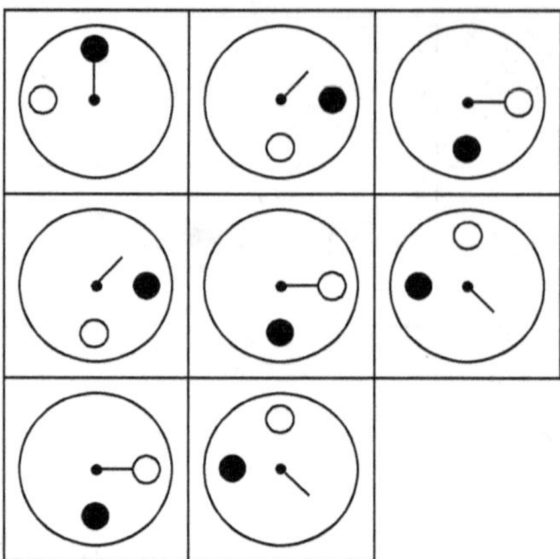

Quel est le carré manquant ?

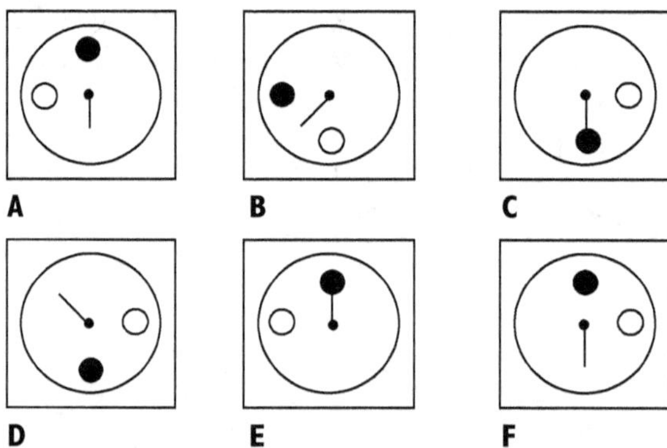

A   B   C

D   E   F

(9)

12	21	49	38
46	20	14	27
28	53	30	15
65	32	8	18

13	23	3	2
19	6	17	16
1	17	24	11
21	4	8	15

Multipliez le troisième plus grand nombre pair du tableau de gauche
par le troisième plus petit nombre impair du tableau de droite.

10

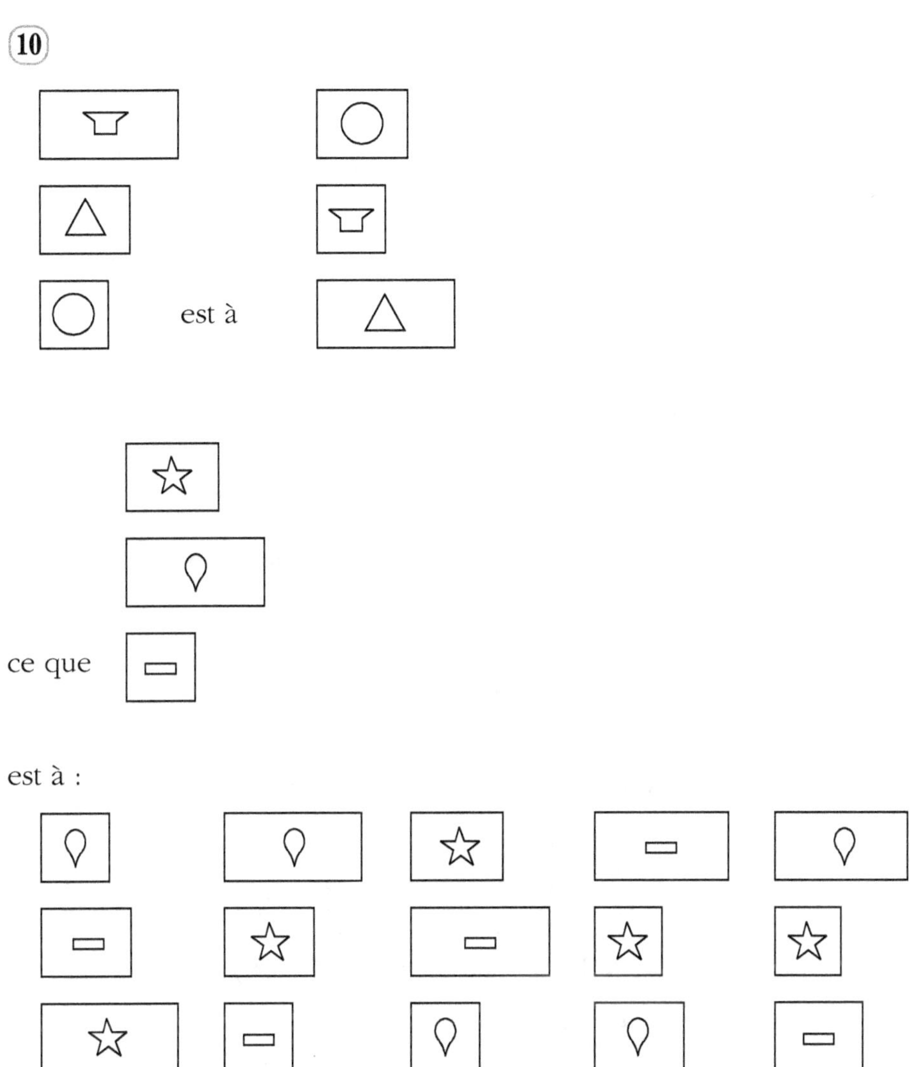

est à

ce que

est à :

A   B   C   D   E

11

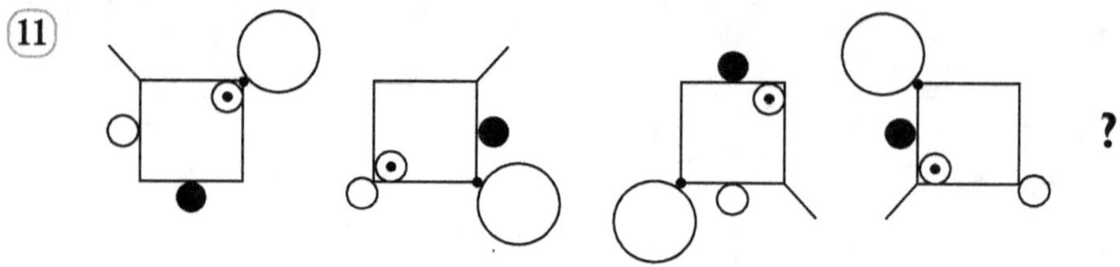

Quelle figure se cache derrière le point d'interrogation ?

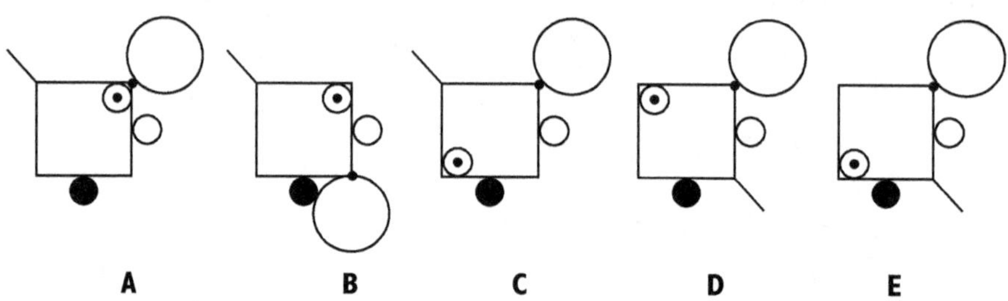

A   **B**   **C**   **D**   **E**

12

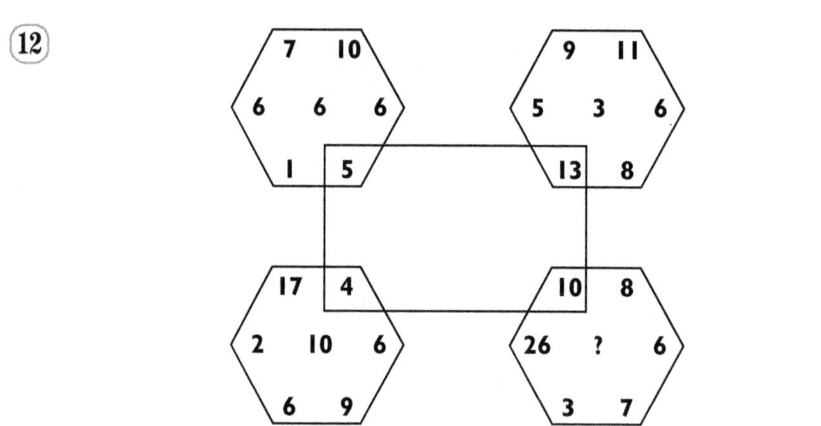

Quel nombre se cache derrière le point d'interrogation ?

13 Tous les symboles mathématiques de l'opération suivante ont été effacés. Essayez de les retrouver.

$$81 \quad 9 \quad 17 \quad 6 \quad 59 = 100$$

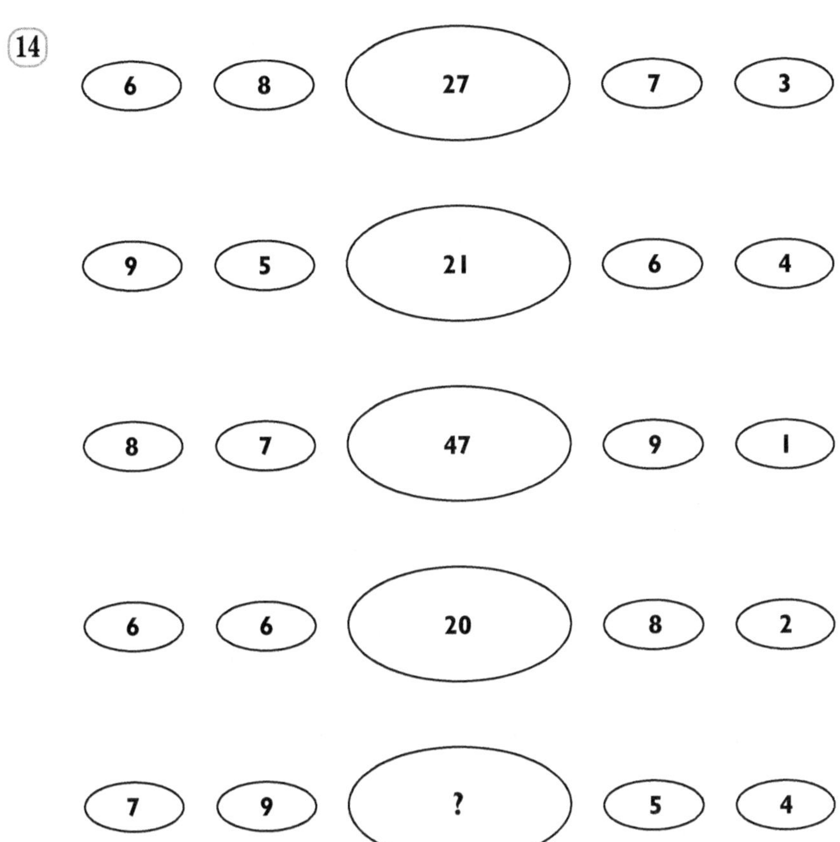

Quel nombre se cache derrière le point d'interrogation ?

Quel nombre se cache derrière le point d'interrogation ?

16 Quelle est la somme de tous les nombres consécutifs du tableau ci-dessous ?

27	35	6	41
19	55	47	20
38	12	90	28
49	31	53	86
7	30	13	39
89	42	21	36

17

A

9	26	10	4	15
12	2	16	14	7
1	22	6	21	23
13	19	3	18	20
8	17	24	9	11

B

26	10	27	34	24
23	34	21	24	32
34	14	31	17	16
22	17	34	?	19
27	19	13	29	28

Quel nombre se cache derrière le point d'interrogation ?

18 Quel nombre se cache derrière le point d'interrogation ?

$17 \quad 23^{3/4} \quad ? \quad 37^{1/4} \quad 44$

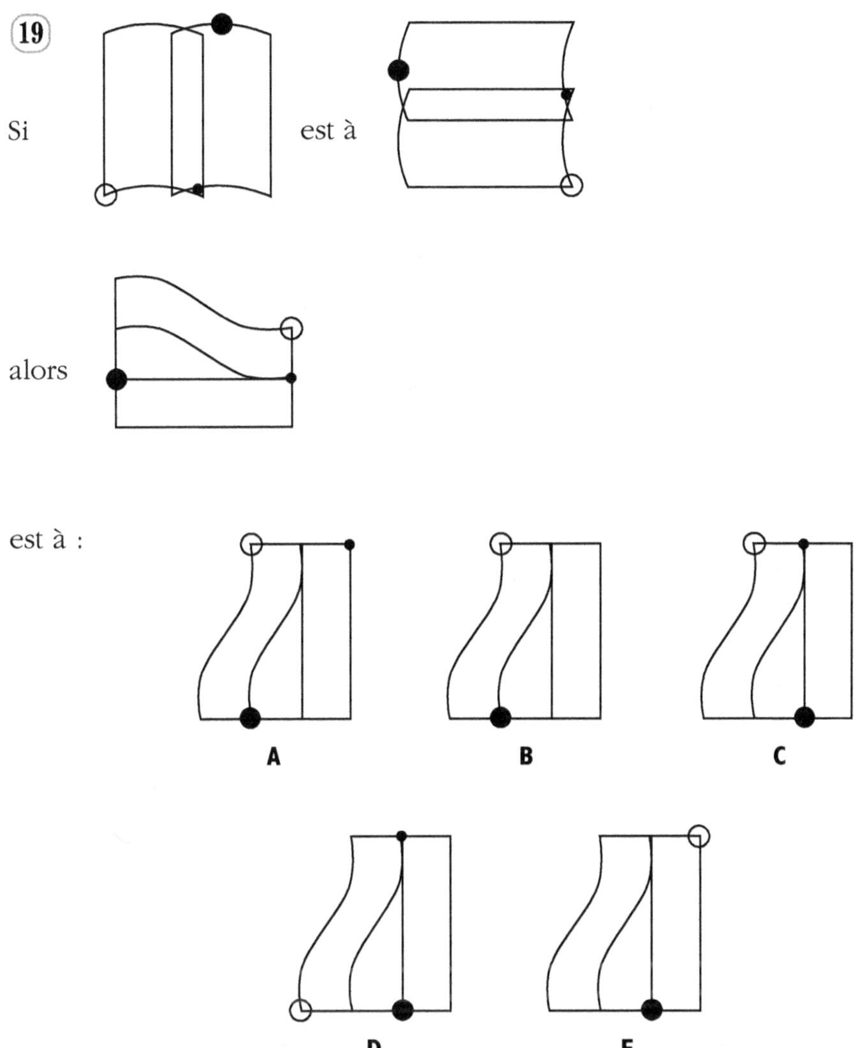

19
Si
est à
alors
est à :
A
B
C
D
E

20

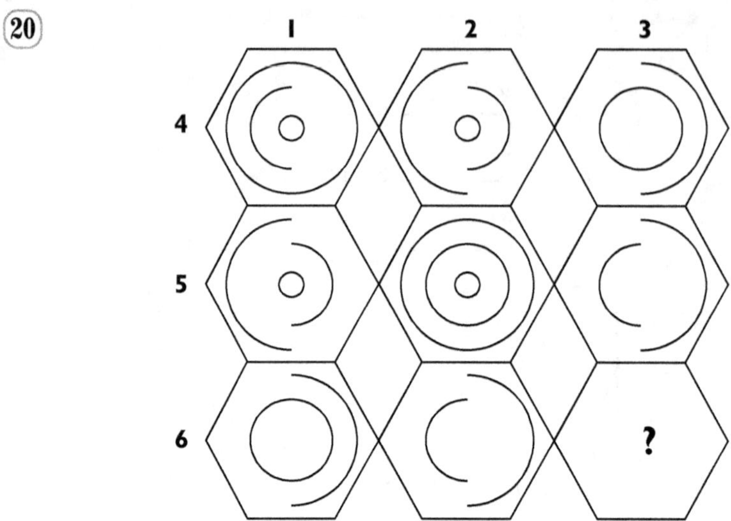

Quel hexagone se cache derrière le point d'interrogation ?

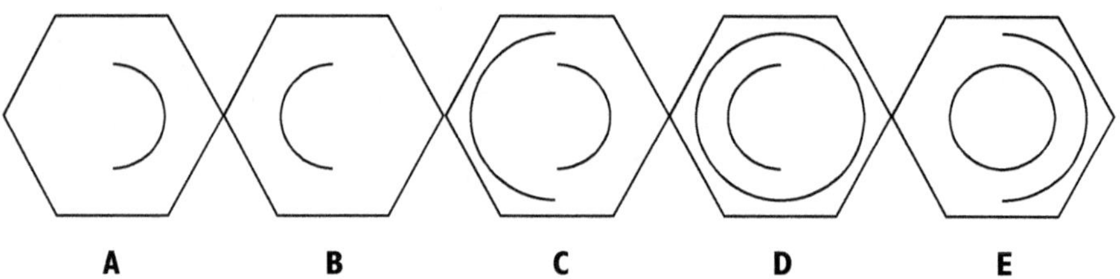

A   B   C   D   E

RÉPONSES

Test d'analogie visuelle

1 B

La forme du milieu se retourne, passe du noir au blanc et va à l'intérieur de la forme qui l'entourait précédemment qui passe du blanc au noir.

2 F

Le nombre de côtés de la figure originale diminue de un pour passer de sept à six. Le nombre de points augmente de trois à quatre et les points passent du blanc au noir.

3 C

La figure tourne sur elle-même de 180° dans le sens des aiguilles d'une montre.

4 C

Le gros cercle tourne de 180°. Les deux petits cercles du centre perdent leur point et tournent de 180°.

5 D

Le losange tourne de 90° et augmente de taille. Le triangle augmente de taille et va à l'intérieur du losange. Le rectangle diminue de taille, tourne de 90° et va au-dessus du losange.

6 B

La figure se retourne et chaque élément change de place et inverse ses couleurs de la même façon que dans l'exemple initial.

7 B

Quatre points noirs se changent en trois points noirs. Trois points blancs se changent en quatre points blancs.

8 B

Ajouter le nombre de points noirs et soustraire le nombre de points blancs des deux premières figures pour arriver au nombre de points de la figure finale.

9 C

Deux points blancs se changent en trois points blancs.

10 C

La figure se retourne de haut en bas et seules les lignes intérieures disparaissent.

11 A

Les figures situées au départ à l'intérieur de la figure passent en dehors de la figure et passent du noir au blanc ; et vice versa.

12 A

Le grand carré se transforme en grand cercle. Le petit carré se transforme en petit cercle. Le petit triangle se transforme en grand triangle. L'ovale se déplace de 45°.

13 C

Les cercles blancs du haut deviennent noirs. Le cercle du milieu devient blanc. Le cercle du bas passe au noir.

(14) B

La figure tourne de 90° dans le sens des aiguilles d'une montre avec une inversion blanc/noir de la couleur des pointes.

(15) A

Le demi-cercle tourne de 180°. Le cercle du centre devient blanc. La ligne tourne de 90° dans le sens des aiguilles d'une montre.

Évaluation :

14-15	Exceptionnel
11-12	Excellent
9-10	Très bien
7-8	Bien
5-6	Moyen

Test de recherche d'intrus

(1) C

A est semblable à E, et B est semblable à D avec une inversion noir/blanc.

(2) C

Les autres ne forment que deux triangles. Quatre triangles au total sont constitués par l'arrangement des lignes de C.

(3) G

A et C sont identiques, de même que B et F, ainsi que D et E.

(4) B

D et E sont identiques, de même que A et C, ainsi que G et F.

(5) D

C'est le seul cas où deux points noirs sont directement connectés.

(6) G

B et F sont identiques, de même que D et E, ainsi que A et C.

(7) D

Dans tous les autres cas, une figure avec un nombre impair de côtés est noire, et une figure avec un nombre pair de côtés est blanche.

(8) E

Dans tous les autres cas, une flèche pointe à gauche vers une figure noire et une flèche pointe à droite vers une figure blanche.

9 F

A et G sont identiques, tout comme C et E, ainsi que B et D.

10 B

A est identique à E, et C est identique à D.

11 F

Dans tous les autres cas, on retrouve une marque en bas, c'est-à-dire en dessous de la ligne droite, qui pointe vers un trou sur le demi-cercle.

12 A

C et G sont identiques, de même que B et D, ainsi que F et E.

13 D

C'est la seule figure dont les côtés sont des lignes droites et vers laquelle pointe une flèche.

14 A

Elle est constituée de six lignes alors que les autres sont constituées de sept lignes.

15 A

Il s'agit de la seule figure qui forme un nombre impair de triangles, c'est-à-dire 5. B forme 10 triangles, C en forme 8, D, 6 et E, 4.

Évaluation :

14-15	Exceptionnel
11-12	Excellent
9-10	Très bien
7-8	Bien
5-6	Moyen

Test de pensée latérale

1   7

Les nombres du carré du milieu sont la somme des nombres situés aux mêmes endroits dans les deux autres carrés.
Donc ici, 5 + 2 = 7.

2   D

Chaque cercle s'obtient en superposant les deux cercles du dessous, tout en faisant disparaître les symboles similaires.

3   8

La somme des nombres de chaque pyramide de trois cases est égale à 17.

4   K

Le nombre de points extrêmes dans l'écriture des lettres est égal à 3, 4, 3, 4, 3, 4. Par exemple F comporte 3 points extrêmes comme illustré ci-dessous :

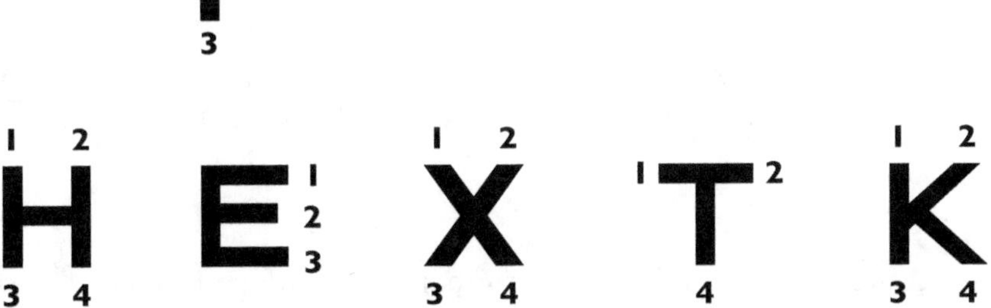

5 Il savait que la porte numéro 7 était défectueuse, sinon le surveillant aurait dit : « Trois des six premières portes sont défectueuses. »

6 Z

Toutes sont composées de trois traits, i.e. H N Y F K (Z).

7 D

Sur chaque ligne (de gauche à droite) et chaque colonne (de haut en bas), on s'aperçoit que les contenus du troisième cercle sont déterminés par les contenus des deux premiers cercles. La règle qui s'applique pour chaque carré est la suivante : deux blancs = noir, deux noirs = blanc et blanc + noir = blanc.

8 D

Les quatre symboles distincts sont tous présents une seule fois dans chaque ligne verticale et horizontale. Ces quatre symboles sont : le grand cercle, les deux cercles blancs de taille moyenne (un de ces cercles a un petit cercle blanc au-dessus) et le cercle noir.

9 B

Chaque côté du grand carré contient dix cercles blancs et sept noirs.

10 E

En regardant de gauche à droite et de haut en bas, on s'aperçoit que deux cercles blancs au même endroit dans les deux premiers carrés se transforment en un cercle noir au même endroit dans le troisième carré, et vice versa. Mais un cercle noir et un cercle blanc au même endroit se transforment en un espace vide dans le troisième carré.

11 R

Toutes les lettres de la liste forment une surface fermée.

12 D

Quand un cercle blanc ou noir apparaît au même endroit trois fois (et trois fois sulement) dans les cercles qui l'entourent, il est tranféré au cercle du milieu. Dans les autres cas, les cercles ne sont pas transférés.

13 375 rayures. Comme 15 représente un tiers de 45, en prélevant deux tiers des poissons femelles, vous laissez en réalité tous les poissons du départ avec 15 rayures, c'est-à-dire $25 \times 15 = 375$ rayures.

Par exemple, prenons 15 femelles + 10 mâles. À l'issue du prélèvement, il reste :

$$5 \text{ femelles} \times 45 = 225 \text{ rayures}$$
$$10 \text{ mâles} \times 15 = 150 \text{ rayures}$$

soit 375 rayures.

14 1

Chaque chiffre correspond au nombre de cases adjacentes (soit verticalement, soit horizontalement soit en diagonale) qui contiennent un chiffre.

15 C'est impossible. Pendant la première moitié du trajet, j'ai déjà utilisé tout le temps nécessaire pour parvenir à une moyenne de 20 km/h.

Évaluation :

19-20	Exceptionnel
16-18	Excellent
13-15	Très bien
10-12	Bien
6-9	Moyen

Test de la lettre suivante

(**1**) S (**2**) Q (**3**) F (**4**) Z (**5**) N (**6**) E (**7**) R

(**8**) U (**9**) L (**10**) Y (**11**) I (**12**) H (**13**) A (**14**) N

(**15**) M

Évaluation :

14-15	Exceptionnel
11-12	Excellent
9-10	Très bien
7-8	Bien
5-6	Moyen

Test de séquence visuelle

(1)

En observant les figures de gauche à droite, on constate que les yeux suivent la séquence : regard convergent, regard droit devant, regard à gauche. Le nez passe successivement du blanc au noir et la bouche passe successivement par les expressions de gaieté, de tristesse et d'indifférence.

(2) D

Le grand cercle tourne de 90° dans le sens des aiguilles d'une montre, le petit de 180°, le point noir de 90° dans le même sens et le trait de même.

(3) D

D'une ligne à l'autre, l'avant-dernier losange se déplace toujours au début et le troisième losange en partant de la gauche se déplace toujours à la fin.

(4) C

La flèche tourne de deux côtés dans le sens des aiguilles d'une montre, le grand cercle de trois côtés dans le sens des aiguilles d'une montre, le point noir de deux côtés dans le sens des aiguilles d'une montre, la grande aiguille d'un côté dans le sens des aiguilles d'une montre et la petite aiguille aussi.

5 A

Un point échange sa position avec le point situé immédiatement après lui dans le sens des aiguilles d'une montre. Le processus s'initie avec le point blanc situé à l'extrême gauche de la figure qui échange sa position avec le point noir situé au-dessus de lui.

6 D

Le grand cercle se déplace de deux côtés dans le sens des aiguilles d'une montre, le cercle noir se déplace d'un côté dans le sens des aiguilles d'une montre, le petit cercle blanc se déplace de deux côtés dans le sens inverse des aiguilles d'une montre, le point noir se déplace d'un côté dans le sens inverse des aiguilles d'une montre et la croix se déplace d'un côté dans le sens des aiguilles d'une montre.

7 D

Le grand cercle noir tourne de 45° dans le sens des aiguilles d'une montre, le petit cercle noir tourne aussi de 45° dans le sens des aiguilles d'une montre, le point noir tourne de 135° dans le sens inverse des aiguilles d'une montre et la croix tourne de 45° dans le sens des aiguilles d'une montre.

8 D

À chaque étape, la figure principale tourne de 180° et le cercle initialement en bas à l'étape 1 prend successivement les attributs : blanc/point noir au milieu/noir.

9 D

Le carré, la flèche, le cercle, le rectangle et la croix tournent de deux côtés dans le sens des aiguilles d'une montre, le point noir tourne d'un côté dans le sens des aiguilles d'une montre.

10 D

Toutes les cinq figures, la moitié gauche de la figure initiale est répétée.

11 B

Les ronds noirs valent 2 points et les ronds blancs, 1 point. La somme des points de chaque figure augmente : 8 – 9 – 10 – 11. La somme des points de B s'élève par conséquent à 12. Celle de A et de C à 13 et celle de D à 14.

12

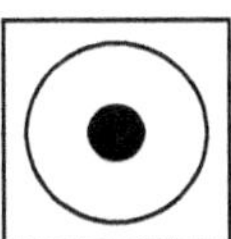

Les surfaces noires suivent la séquence 1, 2, 3, 2, 1 comme repéré ci-dessous :

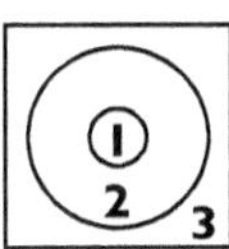

13 E

La barre initialement à l'extrême droite se déplace d'une place vers la gauche à chaque étape.

14 B

À chaque étape, le nombre de petits cercles blancs augmente de 1.

15 D

À chaque étape, chacun des trois symboles progresse de trois cases en changeant de sens quand il arrive en bout de ligne.

Évaluation :

14-15	Exceptionnel	7-8	Bien
11-12	Excellent	5-6	Moyen
9-10	Très bien		

Test numérique

1) 121

    Colonne A =   nombres impairs

    Colonne B =   nombres pairs

    Colonne C =   nombres premiers

    Colonne D =   carrés de nombres (11^2 = 121)

2) 7 Kg

Bras gauche	Bras droit
8 Kg × 4 = 32	7 Kg × 3 = 21
7 Kg × 7 = 49	10 Kg × 6 = 60
81	81

Poser l'équation 7x + 32 = 81, si x est le nombre recherché.

3) 20

48/6 + 13 = 21

60/10 + 15 = 21

33/11 + 16 = 19

42/14 + 17 = 20

72/12 + 14 = 20

4) 71,44/99

Si x = 0,72161616...

100x = 72,16161616...

100x − x = 99x = 71,44, d'où x = 71,44/100

5 $\dfrac{21}{26} \times \dfrac{13}{7} \times \dfrac{8}{4}$

6 Pierre a 88 ans ; Jean a 33 ans et Arthur 24 ans.

Des deux premières affirmations, on déduit que Jean a 9 ans de plus qu'Arthur.

Comme la somme de l'âge de Jean et d'Arthur est de 57, si x est l'âge d'Arthur, nous avons :

$$2x + 9 = 57 \text{ d'où } x = 48/2 = 24.$$

On déduit ensuite l'âge de Jean, puis celui de Pierre d'après l'affirmation 1.

7 115

$$59 + 5 + 9 = \ \ 73$$
$$73 + 7 + 3 = \ \ 83$$
$$83 + 8 + 3 = \ \ 94$$
$$94 + 9 + 4 = 107$$
$$107 + 1 + 7 = 115$$

8 Les dépenses de ma femme : 60 €, de ma fille : 12 €, et les miennes : 5 €.

Ce qu'aurait pu dépenser ma femme, si elle avait dépensé 25 % de plus :

$$60 + (25 \text{ % de } 60) = 75$$

Mes dépenses qui sont 15 fois inférieures sont donc de :

$$75/15 = 5$$

9) 221 mètres

À mi-parcours, on peut imaginer que le golfeur effectue le 9e drive d'un golf 18 trous.

8 trous avec une moyenne de 176 mètres par drive font :
1 408 mètres

9 trous avec une moyenne de 179 mètres par drive font :
1 611 mètres

1 611 − 1 408 = 203 mètres

203 mètres correspondent bien à la longueur du drive effectué par le golfeur.

9 trous avec une moyenne de 181 mètres par drive font :
1 629 mètres

1 629 − 1 408 = 221 mètres.

10) Georges 45, Téo 60, Carole 80

Si Georges a X,

$x + 4/3 \times x + 16/9 \times x = 185,$

Soit, $37/9 \times x = 185$ soit $x = (185 \times 9)/37 = 45$

11) 19 minutes

Si x est le nombre de minutes cherché :

12 h + x − 22 = 11 h + 3x

12 h − 11 h = 60 minutes = 2x + 22

donc x = 19 minutes

12) 3,5 minutes

2,5 km de tunnel + 0,125 km de train font 2,625 km

À une vitesse de 45 km/h, le train met :

(2,625/45) × 60 minutes pour traverser le tunnel, soit 3,5 minutes.

13 216 €

La part de Didier représente 5/9 du total.
Le total vaut donc 9/5 × la part de Didier, soit 9/5 × 120 = 216 €

14 6

15 1 chance sur 15
$$3/10 \times 2/9 = 6/90 = 1/15$$

Évaluation :

14-15	Exceptionnel
11-12	Excellent
9-10	Très bien
7-8	Bien
5-6	Moyen

Test de QI n° 1

1 D

Un des points est dans le petit cercle seulement, et l'autre est dans le cercle en contact et en dessous de la ligne courbe.

2 6

Le chiffre de la case supérieure correspond au chiffre des unités de la somme des trois chiffres du carré inférieur (la case supérieure droite du carré correspondant au chiffre des dizaines).

3 + 8 + 5 = 16 ; de la même façon 4 + 6 + 3 = 13 et 9 + 7 + 8 = 24.

3 ACD

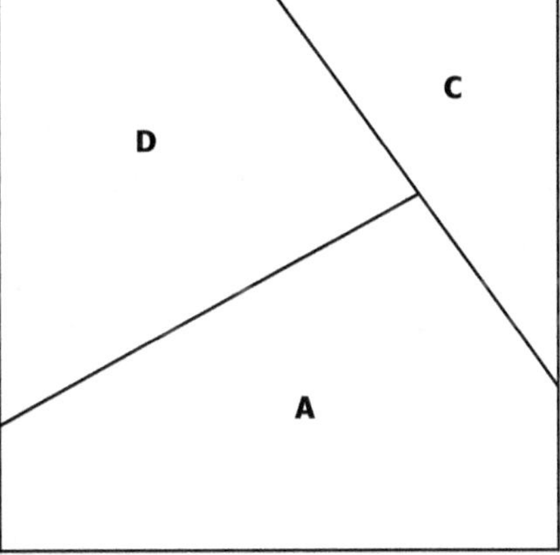

④ C

La figure tout entière tourne d'un cran dans le sens des aiguilles d'une montre à chaque étape. Les petits rectangles en bordure sont une fois à l'extérieur et une fois à l'intérieur. Quand ils sont à l'intérieur, ils sont noirs.

⑤ 192, 87, 696

Le passage d'un nombre à 3 chiffres à un nombre à deux chiffres se fait en effectuant la différence entre le chiffre des dizaines et le chiffre des centaines pour obtenir le nouveau chiffre des dizaines, et en effectuant la différence entre le chiffre des dizaines et le chiffre des unités pour obtenir le nouveau chiffre des unités.

Le passage d'un nombre à 2 chiffres à un nombre à 3 chiffres se fait en multipliant le nombre à 2 chiffres par 8.

Ainsi, $24 \times 8 = 192$
192 donne le nombre 87 ($9 - 1 = 8$ et $9 - 2 = 7$)
et enfin $87 \times 8 = 696$.

⑥ B et D

⑦ D

En observant les lignes de gauche à droite, l'on s'aperçoit que le troisième carré est déterminé par le contenu des deux premiers. C'est seulement lorsqu'un symbole est de la même couleur dans les deux premiers carrés qu'il figure dans le troisième carré. Il apparaît alors à l'envers.

⑧ D

Chaque ligne horizontale et verticale contient les quatre directions nord, sud, est et ouest.

9 D

En commençant par la pièce du bas et en tournant dans le sens des aiguilles d'une montre, l'on s'aperçoit que la pièce qui suit est le négatif de celle qui la précède (couleurs noire et blanc inversées).

10 7 6 4 2 (ou 2 4 6 7)

11 F

A et G sont identiques, tout comme B et E, ainsi que C et D.

12 10

La première colonne de A × 3 = la première colonne de B.

La seconde colonne de A × 4 = la seconde colonne de B.

La troisième colonne de A × 5 = la troisième colonne de B.

La quatrième colonne de A × 6 = la quatrième colonne de B.

La cinquième colonne de A × 7 = la cinquième colonne de B.

13 $16^{3/8}$

Le nombre situé dans le cercle central est la somme des produits des nombres situés dans chaque demi-cercle droit et gauche.

Dans notre exemple :

$5 \times 1^{7/8} = 9^{3/8}$

$4 \times 1^{3/4} = 7$

$7 + 9^{3/8} = 16^{3/8}$

14 85

Répétez les opérations + 4 puis − 7 ; commencez à 111 (coin supérieur droit).

15 1 881

  19 × 99

16 B

17 E

Les deux premières figures s'additionnent pour former la troisième, mais tout symbole présent dans les deux disparaît.

  1 s'additionne à 2 pour faire 3
  4 s'additionne à 5 pour faire 6

18 C

19 4:2

Dans tous les autres cas, le total des points d'un domino est impair.

20 74

La troisième colonne est la somme des deux premières si l'on prend soin d'inverser l'ordre des chiffres qui composent les nombres de la deuxième colonne :

51 + 48 (84 inversé) = 99

 8 + 47 (74 inversé) = 55

13 + 21 (12 inversé) = 34

Évaluation :

19-20	Exceptionnel
16-18	Excellent
13-15	Très bien
10-12	Bien
6-9	Moyen

1

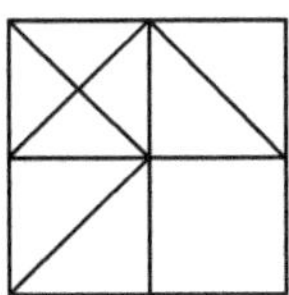

En progressant dans le sens des aiguilles d'une montre, une ligne apparaît dans deux cases : celle qui a été modifiée en dernier et celle qui suit immédiatement après. Quand deux lignes forment une croix, ces lignes disparaissent l'une après l'autre. Le processus se répète de façon continue.

2 1

La différence des chiffres situés sur les côtés est égale à chacune des valeurs situées en haut et en bas du diagramme.

Ainsi, la différence entre 8 et 5 = 3 et la différence entre 7 et 1 = 6.

3 E

4 ABD

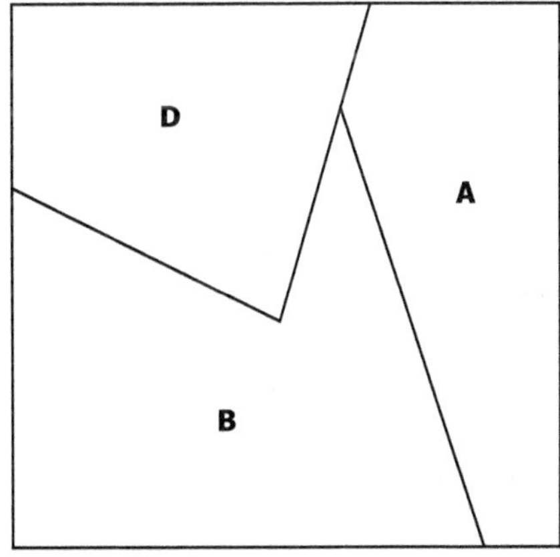

5 9

Additionner et soustraire la ligne du bas alternativement de gauche à droite pour obtenir les valeurs de la ligne du haut. Ainsi :
$7 - 4 = 3$, $4 + 2 = 6$, $5 - 2 = 3$, $5 + 4 = 9$, $8 - 4 = 4$,
$\mathbf{8 + 1 = 9}$ et $7 - 1 = 6$

6 C

Les formes sont réordonnées verticalement et la forme initialement à droite (le losange) se positionne maintenant au milieu.

7 15

8 23 et 8 526

Les autres nombres fonctionnent par couples : chaque nombre à quatre chiffres a pour correspondant le nombre formé par la somme de ses chiffres. Par exemple : 9 312 ($9 + 3 + 1 + 2 = 15$). Les autres couples sont : 6 829/25, 1 573/16, 7 415/17 et 9 787/31.

9 E

Il contient deux triangles, deux carrés, deux points noirs et deux points blancs avec un point noir à l'intérieur d'un triangle, un point noir dans les deux carrés et un point blanc dans un carré.

10 D

L'ovale tourne de deux côtés dans le sens des aiguilles d'une montre.

Le losange tourne d'un demi-côté dans le sens des aiguilles d'une montre.

Le point noir tourne sur le losange d'un côté dans le sens des aiguilles d'une montre.

11 B

Chaque ligne horizontale et verticale du puzzle contient les 4 types de lignes.

12 A   55 Kg

B   66 Kg

C   72 Kg

D   99 Kg

13 26

La première colonne de A – 47 = la première colonne de B.

La deuxième colonne de A – 48 = la deuxième colonne de B.

La troisième colonne de A – 49 = la troisième colonne de B.

La quatrième colonne de A – 50 = la quatrième colonne de B.

La cinquième colonne de A – 51 = la cinquième colonne de B.

14 J'ai 40 ans, mon fils a 10 ans. Dans 20 ans, j'aurai 60 ans et mon fils 30 ans.

15 416 + 373 + 126 + 64 + 21 = 1 000

16 6

$$\frac{90}{15} \times \frac{114}{19} \times \frac{378}{63} = 6$$

17 B

Le losange tourne de deux côtés dans le sens des aiguilles d'une montre.

Le triangle tourne d'un côté dans le sens des aiguilles d'une montre.

Le cercle tourne d'un côté dans le sens des aiguilles d'une montre.

Le point noir tourne d'un demi-côté dans le sens des aiguilles d'une montre.

18 C

19 B

Les deux premières colonnes et les deux premières lignes s'ajoutent pour donner la troisième.

Les symboles identiques dans les deux premiers pentagones disparaissent dans le troisième.

20 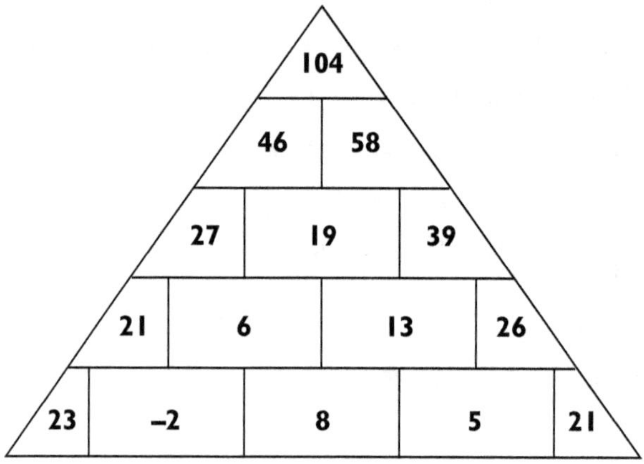

Évaluation :

19-20	Exceptionnel
16 -18	Excellent
13-15	Très bien
10-12	Bien
6-9	Moyen

Test de QI n° 3

1 E

Les points passent du noir au blanc les uns après les autres en commençant par le point central. Les transformations s'effectuent alternativement sur la ligne verticale et sur la ligne horizontale.

2 136

Les deux premiers chiffres du nombre figurant dans l'ovale central sont obtenus en additionnant les chiffres des unités des nombres situés dans les ovales latéraux. Le ou les chiffres suivants sont obtenus en multipliant les chiffres des dizaines des ovales latéraux.

Dans le premier cas, 8 + 2 = 10, 3 × 4 = 12.

Dans notre cas, 9 + 4 = 13 et 2 × 3 = 6.

3 B

Les symboles changent de place en suivant les mêmes règles que dans l'exemple : le premier passe en seconde position, le second en quatrième position, le troisième en première position et le quatrième en troisième position.

4 147

Les chiffres 4, 7, 2, 3, et 1 sont répétés dans le même ordre.

5 C

La grille est constituée de quatre grands carrés de quatre cases. Chacun de ces carrés est symétrique.

6

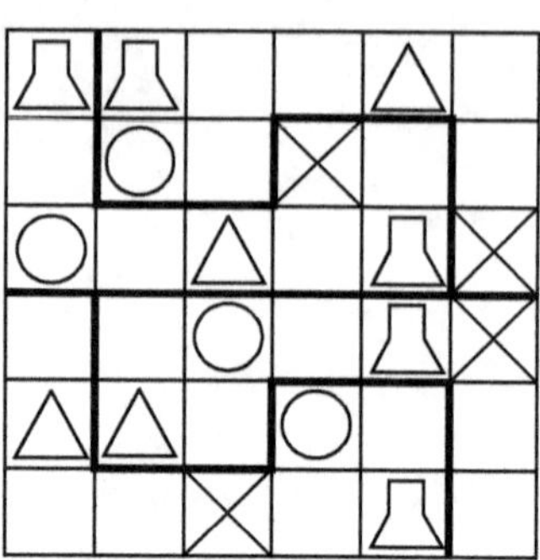

7 C

Seules les lignes qui n'apparaissent qu'une seule fois sur l'ensemble des deux premiers carrés sont reportées au niveau du troisième carré. Cette règle se vérifie de gauche à droite et de haut en bas.

8 C

9 5

Regardez les lignes diagonales en partant du bas à gauche et en remontant vers le haut. En partant du bas, le premier chiffre multiplié par le troisième donne le nombre formé par le second et le quatrième chiffre.

Ainsi, 5 × 7 = 35. De même 3 × 8 = 24, 9 × 4 = 36 et 7 × 6 = 42.

10 A

Un point noir est ajouté en haut du symbole tous les quatre symboles, un point blanc au milieu du symbole tous les cinq symboles et, au bas du symbole, un cercle avec un petit point noir tous les deux symboles.

11 C

$$3^2 + 4^2 + 5^2 + 6^2 + 64 - 56 = 94$$

12 Ananas   2 euros 40
Kiwis   70 cents

13 A

14 11

$7 + 9 + 4$
$10 + 6 + 4$
$10 + 9 + 1$
$5 + 6 + 9$
$2 + 17 + 1$
$2 + 11 + 7$
$6 + 6 + 8$
$7 + 6 + 7$
$5 + 8 + 7$
$5 + 11 + 4$
$2 + 9 + 9$

15 91

Pour obtenir le nombre du troisième drapeau, ajouter les nombres figurant dans les deux premiers drapeaux en prenant soin d'inverser les chiffres du second.

$47 + 35$ (53 inversé) $= 82$
$73 + 18$ (18 inversé) $= 91$

16 A =   5   E =   4
B =   2   F =   3
C =   7   G =   8
D =   1   H =   6

(17) 2

$$\frac{17}{23} \times \frac{46}{8} \times \frac{16}{34} = \frac{\cancel{17}}{\cancel{23}} \times \frac{\cancel{23} \times 2}{8} \times \frac{8 \times 2}{\cancel{17} \times \cancel{2}} = 2$$

(18) 45

Le nombre du centre est égal à la somme des nombres situés à l'extérieur de l'hexagone moins la somme des nombres situés à l'intérieur de l'hexagone.

18 + 26 + 29 + 16 + 19 = 108

10 + 13 + 17 + 7 + 16 = 63

108 − 63 = 45

(19) $14^{3/4}$

Les nombres situés dans les flèches progressent selon la série − $1^{3/4}$ et les nombres situés dans les ronds progressent selon la série + $1^{1/2}$

Ainsi, $13^{1/4} + 1^{1/2} = 14^{3/4}$

(20) 47

Le nombre situé au centre est égal à la somme du produit des nombres situés près des deux sommets de gauche et du nombre situé près du sommet de droite.

$(7 \times 4) + 19 = 47$

Évaluation :

19-20	Exceptionnel
16-18	Excellent
13-15	Très bien
10-12	Bien
6 -9	Moyen

Test de QI n° 4

(1) F

(2) D

Le grand arc de cercle tourne de 180° dans le sens des aiguilles d'une montre.

L'arc suivant tourne de 90° dans le sens inverse des aiguilles d'une montre.

Le petit arc de cercle tourne de 90° dans le sens des aiguilles d'une montre.

(3) D

Chaque ligne verticale et chaque ligne horizontale du carré contient sept points noirs et sept points blancs.

(4) 3   3
    6   8

La séquence 38496 se répète en commençant au coin inférieur gauche du carré et en remontant la première colonne puis en descendant la seconde et ainsi de suite.

(5) A

Les ronds avancent d'une case dans le sens des aiguilles d'une montre à chaque étape. En plus de cela, le rond situé au niveau du coin supérieur gauche du carré change de couleur à l'étape suivante.

(6)

7 C

A et G sont identiques ; tout comme le sont D et F, B et H ainsi que I et E.

8 3

9 C

La ligne courbe tourne de 120° dans le sens des aiguilles d'une montre, le point noir passe d'un angle à l'autre du pentagone dans le sens des aiguilles d'une montre et le pentagone tourne de 60° dans le sens des aiguilles d'une montre.

10 D

Les premier, troisième et cinquième éléments s'inversent.

11 D

12 D

13

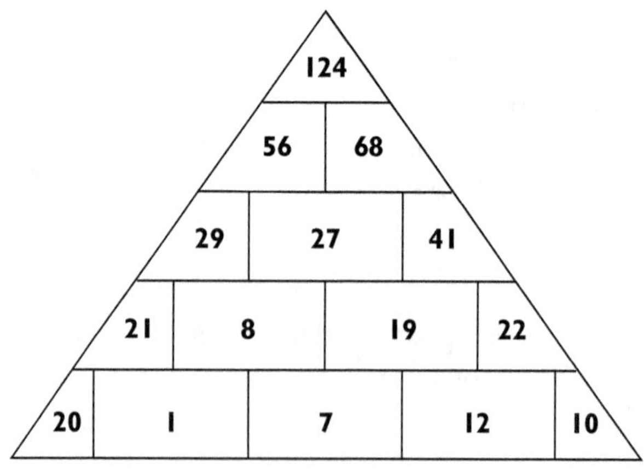

14 F

F = $15^{7/8}$ et toutes les autres = $15^{5/8}$

15 28

16 218

Le nombre situé au centre du carré est égal à la différence du produit des diagonales :

$$17 \times 9 = 153 \qquad 17 \times 11 = 187 \qquad 31 \times 14 = 434$$
$$11 \times 7 = \underline{77} \qquad 13 \times 11 = \underline{143} \qquad 27 \times 8 = \underline{216}$$

La différence fait : 76 44 218

17 Édouard

18 225 + 119 + 76 + 80 = 500

19 G

A et D sont identiques, de même que B et E, ainsi que C et F.

20 A a réussi 100 coups ; B, 16 ; C, 41 ; D, 12 et E, 31.

Comme le score de D est donné ainsi que la somme du score de B et D, le score de B se déduit facilement.

La somme des scores de B, C et D donne le score de C.

La somme des scores de C et E donne le score de E.

La moyenne des scores étant de 40, la somme de tous les scores doit être de 5 × 40 = 200.

On en déduit donc le score de A.

Évaluation :

19-20	Exceptionnel	10-12	Bien
16-18	Excellent	6-9	Moyen
13-15	Très bien		

Test de QI n° 5

1 D

C'est le seul carré où le point noir peut être entouré de 3 lignes courbes.

2 E

Chaque cercle contenu dans le grand cercle du haut est répété dans le grand cercle du bas après avoir subi une rotation de 90° dans le sens inverse des aiguilles d'une montre.

3 24

Un homme construit 2/3 de mur en un jour.

Par conséquent, 6 hommes construiront 6 × 2/3 = 4 murs en un jour, soit 24 murs en 6 jours.

4 D

En regardant le puzzle de gauche à droite et de haut en bas, on observe que le troisième carré est déterminé par la superposition des deux premiers en respectant la règle suivante : toute ligne présente dans les deux premiers carrés n'est par reportée dans le troisième.

5 8

6 3   1   5   2   6   4   (ou l'inverse)

7 E

Le grand carré perd un côté à chaque étape et dans le sens des aiguilles d'une montre. Le petit carré se construit côté par côté à chaque étape dans le sens inverse des aiguilles d'une montre.

8 B

Chaque élément est retourné et change de couleur.

9 48 Chaussettes.

Avec seulement 46 chaussettes, il pourrait avoir pris toutes les chaussettes bleues et rouges réunies. Pour être sûr d'avoir également une paire de chaussettes noires, il doit prendre deux chaussettes de plus.

10 B

Les trois blocs sont réordonnés de la même façon que dans l'exemple : le bloc de droite se redresse et se place en bas à gauche, celui du milieu se redresse et vient au-dessus du bloc précédent et enfin le bloc de gauche se redresse et se positionne à droite.

11 C

12 729

Chaque nombre multiplié par deux et augmenté de 7 donne le nombre suivant.

13 $1^{3/4}$

14 A

$$\frac{18}{9} \times \frac{330}{8} = \frac{330}{4} = 82^{1/2}$$

15 109

Additionnez les chiffres du nombre et ajouter à cette somme le nombre lui-même pour obtenir le nombre suivant.

56   67   89   88   104   109

  +11 +13 +8 +16   +5

16 F = 513

17 85

Partir du coin inférieur gauche et progresser en respectant la règle (+ 10, −5).

18 Cercle : 10

Petit point noir : 1

Gros point noir : 4

Triangle : 7

19 E

De gauche à droite et de haut en bas, les deux premières figures s'ajoutent pour donner la troisième. Les symboles qui se répètent dans les deux premières figures disparaissent dans la troisième.

20 2C

Évaluation :

19-20	Exceptionnel
16-18	Excellent
13-15	Très bien
10-12	Bien
6-9	Moyen

Test de QI n° 6

1 A

2 C

À chaque étape et de gauche à droite, une ligne de plus passe à la position verticale. En outre, la première ligne reste toujours horizontale et les lignes alternent leur position horizontale et verticale à chaque étape.

3 Mardi

4 A

Chaque symbole se change en un autre symbole comme dans le premier exemple. Les symboles noirs deviennnent blancs et réciproquement. Ainsi, dans le premier exemple, un ovale blanc devient une étoile noire et par conséquent, dans le deuxième exemple, une étoile blanche devient un ovale noir.

5 B

Le contenu d'un pentagone est déterminé par le contenu des deux pentagones qui sont immédiatement en dessous de lui. Quand des lignes sont communes aux deux pentagones, elles ne sont pas reportées au pentagone du dessus.

6 BCD

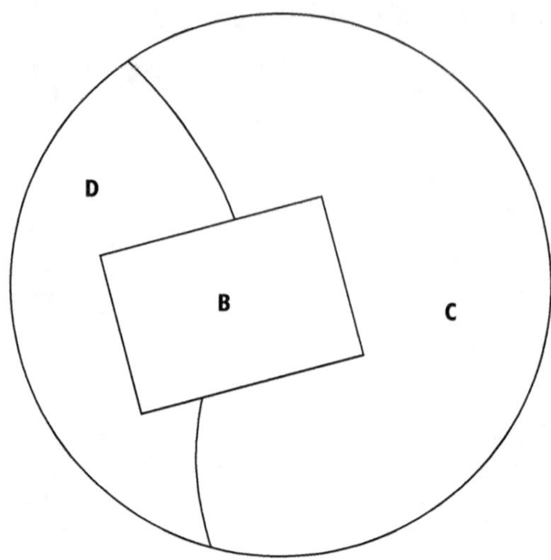

7 3

Le nombre situé en bas à droite est égal à la somme des deux autres divisé par 3.

6 + 3 = 9 et 9/3 = 3.

Tout comme 7 + 5 = 12 et 12/3 = 4 ainsi que 9 + 6 = 15 et 15/3 = 5.

8 A

Les lignes droites et courbes s'inversent.
Le point au bout de la ligne change de couleur.
Le point devient une étoile et change de couleur.
L'ovale devient un point et change de couleur.

9 B

En partant du carré en haut à gauche et en parcourant la ligne de gauche à droite, puis en passant à la seconde ligne et en la parcourant de droite à gauche et ainsi de suite jusqu'en bas du carré, on observe la répétition de la même séquence de cercles. Ainsi, la troisième ligne est la répétition de la première ligne et la quatrième ligne est la répétition de la seconde ligne.

10) 7

La somme de la ligne du milieu est de 15, celle des quatrième et sixième lignes est de 13, celle des troisième et septième lignes est de 11, celle de la seconde et de la huitième ligne est de 9 et par conséquent, pour poursuivre la symétrie et la séquence, la somme des lignes du haut et du bas doit être de 7.

11) C

Les deux premiers hexagones se superposent pour donner le troisième aussi bien en ligne (de gauche à droite) qu'en colonne (de haut en bas). Les symboles qui se répètent dans les deux premiers hexagones ne sont pas reportés dans le troisième.

1 et 2 donne 3

4 et 5 donne 6

12) 36 et 27

$x + y = 63$

et $x = 2(2y - x)$ d'où $3x = 4y$ soit $y = 3/4x$

En substituant y dans la première équation, $7/4x = 63$ soit,

$x = 36$, $y = 27$.

13) 8

Le nombre du centre est égal à la différence entre les sommes des nombres situés sur chacun des côtés de l'hexagone :

A : $(6 + 15 + 19) - (7 + 11 + 10) = 12$

B : $(17 + 19 + 2) - (14 + 16 + 2) = 6$

C : $(11 + 7 + 5) - (3 + 8 + 2) = 10$

14 190

Il faut décomposer chaque nombre de dents en facteurs premiers et calculer le plus petit commun multiple. En divisant par le nombre de dents de la plus grande roue, on obtient le nombre de tours minimum à réaliser pour retomber dans la situation initiale.

$37 = 37 \times 1$

$19 = 19 \times 1$

$10 = 5 \times 2$

$5 = 5 \times 1$

PPCM $= 37 \times 19 \times 2 \times 5 = 7030$

Puis $7030/37 = 190$

15 102

Le nombre situé au centre de la figure se calcule en multipliant le nombre de côtés de la figure par 17.

Dans le cas de l'hexagone, $6 \times 17 = 102$

16 12

267

276

279 (en renversant le 6 pour obtenir un 9)

297

627

672

726

729

762

792

927

972

17 D

Les deux premiers carrés se superposent pour donner le troisième aussi bien en ligne (de gauche à droite) qu'en colonne (de haut en bas). Les symboles qui se répètent dans les deux premiers carrés ne sont pas reportés dans le troisième.

    1 et 2 donne 3

    4 et 5 donne 6

18 16

En inversant les chiffres des nombres, nous sommes en présence d'une série croissante de nombres premiers :

31 – 37 – 41 – 43 – 47 – 53 – 59 – 61

19 C

Les deux premiers carrés se superposent pour donner le troisième aussi bien en ligne (de gauche à droite) qu'en colonne (de haut en bas). Les symboles qui se répètent dans les deux premiers carrés ne sont pas reportés dans le troisième.

    1 et 2 donne 3

    4 et 5 donne 6

20 2C

Évaluation :

19-20	Exceptionnel
16-18	Excellent
13-15	Très bien
10-12	Bien
6-9	Moyen

Test de QI n° 7

1 E

Chaque ligne et chaque colonne contient chacun des trois symboles. Sur chaque ligne ou sur chaque colonne, un seul des symboles est en noir et un seul des symboles est renversé.

2 15

3 2

Chaque anneau contient une seule fois tous les chiffres de 1 à 9.

4 A

Le cercle se transforme en ellipse, le carré en trapèze et le losange en triangle.

5

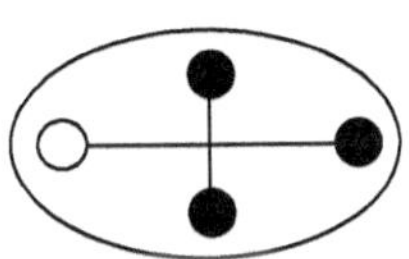

Des lignes et des points sont ajoutés jusqu'à former la croix. Chaque point change de couleur à chaque étape.

6 1

Le nombre formé par les chiffres situés à l'extrême gauche et à l'extrême droite du diagramme est égal au produit des deux chiffres qui sont sur une même verticale.

$7 \times 3 = 21$. De même $7 \times 5 = 35$, $6 \times 8 = 48$ et $2 \times 9 = 18$

7 E

8 A

De gauche à droite et de haut en bas, la ligne tourne de 45° dans le sens des aiguilles d'une montre, le point noir de 90° dans le sens des aiguilles d'une montre et le point blanc de 90° dans le sens inverse des aiguilles d'une montre.

9 352

32 × 11 = 352

10 D

Comme dans le premier exemple, le rectangle du haut se déplace au milieu, celui du milieu se déplace vers le bas et celui du bas se déplace vers le haut.

11 A

À chaque étape,

╱	se déplace d'un angle dans le sens des aiguilles d'une montre
◯	se déplace d'un angle dans le sens des aiguilles d'une montre
●	se déplace d'un côté dans le sens inverse des aiguilles d'une montre
◉	se déplace vers l'angle opposé
○	se déplace d'un demi-côté dans le sens inverse des aiguilles d'une montre
•	se déplace d'un angle dans le sens des aiguilles d'une montre

12 5

Le nombre au centre de l'hexagone est égal à la somme des nombres situés aux angles de l'hexagone moins le nombre situé dans le grand rectangle, le tout divisé par ce même nombre.

$$\frac{26 + 3 + 7 + 6 + 8}{10} = 5$$

13 $81 \div 9 \times 17 + 6 - 59 = 100$

14 43

Le nombre du milieu est égal à la différence des produits des nombres situés de part et d'autre.
$(7 \times 9) - (5 \times 4) = 43$

15 3

Les losanges suivent la série, $- 3^{1/4}$ et les ovales la série $+ 2^{3/4}$.

16 624

6	12	19	27	30	35	38	41	89
7	13	20	28	31	36	39	42	90
		21						

17 20

Première colonne de A + première colonne de B = 35
Deuxième colonne de A + deuxième colonne de B = 36
Troisième colonne de A + troisième colonne de B = 37
Quatrième colonne de A + quatrième colonne de B = 38
Cinquième colonne de A + cinquième colonne de B = 39

(18) $30^{1/2}$

Ajoutez $6^{3/4}$ à chaque étape.

(19) C

(20) A

Les deux premiers hexagones se superposent pour donner le troisième aussi bien en ligne (de gauche à droite) qu'en colonne (de haut en bas). Les symboles qui se répètent dans les deux premiers hexagones ne sont pas reportés dans le troisième.

1 et 2 donne 3
4 et 5 donne 6

Évaluation :

19-20	Exceptionnel
16-18	Excellent
13-15	Très bien
10-12	Bien
6-9	Moyen

196